新書

村井理子
MURAI Riko

義父母の介護

1052

新潮社

義父母の介護　目次

第三章　ドタバタ介護奮闘記（二〇二二年）　89

第四章　もう無理かもしれない（二〇二三年）　169

プロローグ――それは瓶ビールから始まった

義父母と私

私は琵琶湖畔に住む、翻訳家でエッセイストだ。夫、高校生の双子の息子と一緒に、田舎町で、平凡だけど慌ただしい日常を送っている。

翻訳家という仕事は繁忙期がまちまちで、急に忙しくなったと思ったら、全く仕事の依頼が来なくなったりもする。安定しているとはとても言えないので、常に危機感を抱きつつ営業活動に励んでいる。エッセイを書く仕事に関しては、ありがたいことにご依頼を頂く機会が増えている。忙しいと言えば、忙しい。それでも、毎日通勤しているわけでもなし、家で文章を書き、その合間に様々な家事をこなす私の日常は、周囲から見れば気楽と映るのかもしれない（実はそうでもない。それは本書を読み進めて頂ければわかる)。

こんな、特筆すべきことがあまりない平凡な生活を送っているつもりの私だけれど、そんな平凡な生活のなかに、ここ数年、「義理の両親の介護」が加わった。加わったというか、あちらから勝手に飛び込んできた。逃げようにも逃げられず、嫌だと言ってもどうしようもなく、なんとなくスタートして、そろそろ五年目に突入だ。

本書の主人公とも言える夫の両親に初めて会ったのは、結婚の二年ほど前のことだった。当時、義父は大きめのホテルで総料理長をしていた。義母は自宅で茶道教室を営み、十人以上の生徒を抱えていた。初めて会った時に確認されたのは、茶道教室を継ぐ気があるかどうかで、それが「結婚の条件」という点だ。特に義母には、念を押すように何度も言われた。継ぐ気はあるのか、なければ直ちに去れというわけだ。

それまでの人生でまったく縁のなかった茶道。そのうえ教室を継ぐなんて、考えただけで無理。私が長年身を置いていた、なんのしがらみもない自由な一人暮らしの世界からは遠すぎた。それに、義理の両親に自分の将来を決められるぐらいなら、死んだほうがマシだとまで考えていた。

それから紆余曲折《うよきょくせつ》あり、茶道教室を継ぐかどうかはのらりくらりと回答を避け続けた末、結局、二十八歳で結婚した。茶道の教室に関しては、ただひたすら、誤魔化して、逃げ続けた。義理の両親は、茶道については三年ほどで諦めてくれたが、次は出産を強く迫るという手段に出た。結局、義理の両親の意向とは関係なく結婚後七年で出産したが、その七年の間に義理の両親と私の関係は完全に冷え切ったものとなった。会ってもほとんど会話せず、電話がかかってきても居留守を使うことが多かった。

子どもたちが小学校低学年になった頃、私と義理の両親の関係が微妙に変化しはじめる。私は徐々に譲歩することを学んだし、義理の両親は私に対する押しつけを完全に諦めた。そして双方が年を取ることでパワーバランスが変わりはじめた。強烈だった義母は温和になり、私は精神面で強くなった。義母に何を言われても、納得出来なければ一切耳を傾けなかった。義父が何か高圧的なことを言えば、はっきりと「お義父さんはおかしい」と指摘した。義父も義母も、いつの間にか落ち着いた祖父母となっていった。私も、子どもが生まれてからはずいぶん性格がまるくなったと多くの人に言われた。

私と義理の両親との関係は、このように紆余曲折を経て穏やかなものになっていくだろうと、私はそう考えていた。まさか、夢にも、義母が認知症になってしまうとは考えていなかったのだ。こう考えるのは私だけではないはずだ。義母を知る人であれば、誰もが「まさかあの人が」と言うだろう。それほど、義母はしっかりとした人で、何から何までできる完璧な女性だった。

瓶ビール事件

今から思い返すと、すべての始まりは子どもが小学校四年生になった頃ではなかったか。二〇一六年のあたりだ。当時七十六歳だった義母がいつものように、上機嫌で瓶ビールを数本持ってわが家に遊びにやってきた（夫の実家は車で約三十分のところにある）。「はい、あなたにお土産！」と言いつつ義母がダイニングテーブルにドーンと置いた瓶ビールには、「不良」と書かれた紙が貼られていた（全ての瓶に）。

義母から渡された瓶ビール

えっ？　ビールが不良品なの？　それともワシ？　しばらく考えたが、にこにこと笑う義母からはなんの悪意も感じられなかった。

その晩帰宅した夫に、「不良」と書いた紙が貼り付けられたビール瓶を見せて、「これ、なんかおかしくない？」と聞いた。「何か事件が起きるかもしれない」というワクワク感で多少にやついていた私に夫はむっとしていた。そして、「べつにおかしくないんじゃない？」と答えた。

「おかしくないわけないじゃん！　どう考えても、これはおかしい。何かがおかしいよ」

この瓶ビール事件が、今にして思えば、義理の両親の介護生活の前兆だったような気がしている。

第一章　異変（二〇一六〜一九年）

1．悪い予感

「お祓いしておいたから」

「不良」と書いた紙が貼られた瓶ビールを眺めながら、私は「何かがおかしい」と首をひねり続けていた。帰宅した夫に「お義母さん、なんでこんなもの、持って来たんだろうねえ？」と尋ねると、「店で余ったんとちゃうか？」と答えた。

二〇一〇年にホテル勤務を終えた義父が自宅を改装してオープンした和食料理店は、なかなかの繁盛店だった。一日一組限定で和食のコース料理を提供する店で、町内会の会合だとか、お食い初《ぞ》めといった行事に利用されることが多く、アルバイトの女性を三名も雇うほど連日賑わっていた。あなたも店を手伝いなさいよと義母には何度か言われたが、正直言って、本職と育児が忙しくて店の手伝いをしている暇などなかった（当たり前だ）。

「店で余ったからって、ビールを持って来る？　お義母さん、そんなことしないと思う。

あんなにプライドが高い人が、そんなことするわけないじゃん！　私に何かお土産を持って来るときは、すごくいいものを買ってきてくれるんだよね。高いお菓子とかワインのセットとか。それに一番わからないのが、この『不良』って紙なんだけど」

「べつに意味なんてないんじゃないの。不良品だっていうことでしょ」

「だからさ、そこがおかしいじゃないかって言ってんの。私に対するお土産だって言いながら持って来て、不良品を差し出し、そのうえ、それを表明する紙をつけてあるというその行為が理解できないんだけど、なにかダブルミーニングでもあるんだろか？」

夫は私の疑問には答えなかった。私はとりあえず瓶ビールの写真を撮影し、Googleドキュメントを新規で開いて記録を始めた。特に大きな意味はなかった。違和感があったので残しておこうと思っただけだ。私は記録魔で、日常の多くをこのようにしてテキストにして残している。もちろん、後日それを元にして原稿を書くためでもある。

次にこの記録用ドキュメントが開かれたのは、瓶ビール事件から数週間後のことだった。義母が私に一枚の煤《すす》けた紙を手渡した日だ。それは人間の形に切り抜いた紙で、煙で燻《いぶ》したようで、下半身が真っ黒になっていた。

「なんですか、これは？」と怯えて聞く私に義母は、「お祓いしておいたから」と答えた。

何を？　誰を？

頭のなかが疑問符で一杯になった私は、そそくさとノートパソコンを開いて書き残した。

――半分煤けた人間の形の紙を手渡される。呪われているのか？

その日の夜、帰宅した夫に嬉々としてその半分黒くなった紙を見せた。「ちょっと、これ見てよ！　お義母さんがくれたんだけど、これはどう思う？」と聞く私に、夫はしばらく無言で佇んだのち、「わからん」とだけ言った。夫は理解不能な状況に陥ると、「わからん」としか言わない。確かに、まったくわからない。見た目は呪いに近いが、それだったらむしろ私に隠しておくものなのでは？　なぜ堂々と手渡し？　やっぱり何かがおかしい……。

「やっぱりおかしいよ、お義母さん」と言う私に、夫は「気のせいや」と不機嫌そうに答えた。

「切符の買い方がわからない」

こんな些細な事件が続いていたある日、義母に「ＪＲの切符を買ってきて欲しい」と電話で頼まれた。

「ＪＲの切符って、駅で買う切符のことですか？」と、思わず聞いた。切符なんて、駅で購入すればいいのでは？　もしかして、特急列車にでも乗るの？　そう思った私は「どこまで行くんですか？」と聞き返した。すると義母は、「大阪のお茶会に行くんだけど、切符の買い方がわからないのよ」と答えた。大阪だったら、普通に切符を買えばいいではないか。そのうえ、義母はＩＣＯＣＡ（西日本旅客鉄道発行のＩＣカード乗車券）を利用していた。

「お義母さん、ＩＣＯＣＡを持ってますよね？　足りなかったらチャージしたらいいじゃないですか」

そう返答した私に義母は「そうね」と言い、それ以上は頼まなかった。このときも、何かおかしいと思いつつ、「券売機が新しくなったりして、わからなくなったのだろう」と解釈した。結局このときは、長年の習い事仲間のＭさんにお願いして、大阪まで連れて行ってもらったようだった。

完璧だった義母の信じがたい変化

大阪行きの切符購入依頼からしばらくしてのこと。夫の実家を訪れた際に、義父母が営む和食店のアルバイトのモモコさん（七十代）がこそこそと私に、「女将さんがお皿を間違えるのよ。何かおかしい。ちょっと心配」と言った。周囲をきょろきょろ見回しながら、「お疲れなのかもしれないけどね。ちょっとお伝えしておこうと思って」と、付け加えたのだった。

こういった証言は、アルバイトに来ていた女性たちだけに留まらなかった。長年のお茶仲間で大阪行きの切符を手配してくれた友人Mさん、二十年以上も義母の茶道教室に通う生徒のAさん、義母が三十年近くお世話になっている美容院のオーナーYさん。ある人は私にメールをくれ、ある人はSNSを通じてDMを送ってくれ、ある人は私のケータイに直接連絡をくれた。誰もが義母の異変に気づき、心配していたのだ。

「何かがおかしいのよ……」と、誰もが決定的な言葉を言わず、それなのに何かを疑うような口ぶりだった。その何かとは、加齢によるもの忘れのことだと徐々に私は気づいていった。

義母はとても聡明な女性で、普段から多くの本を読み、様々な情報を入手することを躊躇しない人だった。年齢よりもずいぶん若々しく、美しい人でもあった。常に身だしなみに気を遣い、髪は必ず月に一度、美容院で染め、化粧もきれいにしていた。美白に命をかけていた。美肌のためのナイトルーティーンには一時間以上をかけていた。接客の際は粋に着物を着こなしていた。とにかく、完璧な主婦だったのだ。いくら彼女が若かりし日の私をいびり倒した因縁の姑だとしても、それは間違いのない事実。だからこそ、彼女の変化は、にわかに信じがたいものだった。

そんな私にもひとつだけ、気になることがあった。義母が開いていた茶道教室の生徒さんが、ひとり、またひとりと教室を辞め始めたことだった。一時は十五人程度いたはずの生徒さんたちが、気づいたときには三人にまで減っていた。これも義母の変化に関係があるのだろうか。とある生徒さんにさりげなく聞いてみた。彼女は言いにくそうに、「先生が、怒ることが増えたんですよ。それに、おっしゃっていることがくるくる変わるし、もの忘れも増えて」。

私は、多くの証言が集まったこの時点でさえ、義母の認知症を完全に疑う段階にはなかった。むしろ、心の病ではないかと考えた。義母が七十歳の時に開業した和食料理店は連日の賑わいで、かろうじて週休二日を維持していた。アルバイトの三人はとてもいい人たちだったけれど、人を雇うことは簡単なことではない。そのうえ、嫁（私）は一切言うことを聞かないし、息子（夫）は実家の商売に無関心だ。

きっと心が疲労しているのよ！　勝手にそう考えた私は、注意深く義母を観察するようになった。必要であればメンタルクリニックを受診すればいい。長年不眠症に悩まされている私が通っているクリニックに、お願いすればいい。辛い様子だったら、さりげなく誘ってみればいいと考えた。しかし義母はこの時点でも、明るく、潑剌《はつらつ》としていた。よくしゃべり、笑い、食べ、毎日を楽しんでいるように見えた。車の運転もしていた。

誰にでも浮き沈みはあるものだ。それが義母にあっても不思議ではない。しかし、義母の様子は、周囲の心配をよそに、徐々に、そして確実に変化しはじめていった。

2．税込みと税抜き、どちらになさいますか？

義父母の和食店

私が何か重大なことが起きているのではと気づいたのは、義母の消費税へのこだわりだった。

それは二〇一八年ごろだっただろうか。義父母が営む和食店は、おおかたの予想以上に繁盛し、店は連日予約が入って、義理の両親は週休二日というハードスケジュールで忙しく働いていた。年末年始の宴会や誕生会といった、アットホームな集まりに義父の店を選んでもらえたのは、とてもうれしいことだった。

こんな状況に大変喜んだのは、実は私だった。彼らが人生の目標というか、夢というか、やりがいのある仕事を見つけてくれたのがうれしかった。もっとストレートに書くと、たびたびわが家に突如としてやってくる二人に辟易していたために、店が忙しくなってくれるのはうれしい以上の、何か強烈な喜びだったのだ。解放された！　自由だ！

キャッホー！　という気持ちだった。

そもそも、私は「家族」というくくりがあまり理解できない。実父は私が十代の頃に亡くなっているし、実母とは長い間すれ違いが続く関係だった。その原因は実兄が作ることが多く、私は兄とも距離を置いて暮らしていた。今となっては実母も兄も亡くなってしまい、余計に私のなかの「家族」は曖昧なものなのだ。そして私が何より避けたいのが、「過剰な愛」だ。義理の両親は、私が何より苦手な過剰な愛を、注げるだけ注ぐ人たちだった。一応、褒めているつもりだ。

二人は、とにかくわが家にやってきたい人たちだった。私が仕事をしていようが、寝ていようが、大量の食べものとともに突然やってきては、孫たちに会おうとする。まだ学校だしとか、塾でいねえしとか、そういう理由は通用しない。思考と行動が直結の二人は、会いたいと思えばそのままやってくる。とにかく真っ直ぐ突撃だ。中学生の恋愛かよと、正直、辟易していた。

しかし！　店が大繁盛することで二人はいっぺんに多忙な高齢者となり、そして、驚くべきことに、大変いきいきと仕事をするようになった。義父はその道六十年以上の調理師、義母は元クラブママ。これ以上、商売に向いている二人がいるだろうか。

義父はあまり饒舌ではないが、義母たるや、立て板に水の如くしゃべりまくる。きれいな人で、びしっと着物を着た姿はとても華やかだった。まさに水を得た魚。いやあ、最高だねえ〜！　人生っていうのは、いくつになってもやりがいだよなあと、私と夫は大変喜んだのだった。

毎月いくばくかの収入があることは、彼らにとってもうれしいことだったに違いない。アルバイトの三人とは親戚のように付き合っていたから、二人の寂しい生活が賑やかにもなっただろう。みんなでランチを持ち寄り、おやつを食べ、とても楽しそうだった。孫に会うことだけを求める日々だったのが、彼女らとの交流で、暮らしにめりはりができた。とても気のいい人たちで、嫁だというのに一切手伝わない、頑固なまでになにもやらない私にも、とても良くしてくれて、私たちはまるで昔から知っている友達のグループのようにキャッキャウフフと会話するまでになった。

「税込みと税抜き、どっちが好き？」

その中のひとり、ミキちゃんが私に電話をくれたのは、私自身もじわじわと「何かおかしいぞ……？」と思いはじめたタイミングだった。二〇一八年のことだ。

「あんた、気づいてる？」

「え、なにがです？」

「奥さんやんか！　最近な、消費税のことでもめてはるねん、お客さんと」

「エエッ」

ミキちゃんによると、予約の電話を受ける義母が、お客さんとの会話の最後に、必ず、消費税のことを尋ねるのだそうだ。

「しょ、消費税？」

「そうやねん、内税にするか、外税にするか、お客さんに聞くんよ」

「エエッ」

「それでお客さんが困っていると、お会計のときに文句を言わないようにって確認しはるねん」

「ヒィィ」

とまあ、こんな感じのことが頻発するようになった。その直後、もう一人のアルバイト、モモコさんが、私を隅っこに引っ張って行って、こう言うのだ。

「報告したいことがありますのや」

「え、なんですか？」

「奥さんのことですねん。ちょっと最近、なんていうのか、少し、ねえ……」

「はい……」

「あたしたちも心配しておりますねん……」

と、こんな具合だ。確かに私も、思い当たることはあった。義母に「あなた、消費税込みと消費税抜きとどっちが好き？」と聞かれたのだ。

どういう質問？　なにごと⁉　と思ったのだが、戸惑いながらも、「消費税込み、かな……」と答えた。

すると義母は猛然と怒りながら、「でも消費税を入れたら三千七百八十円になりますやんか！　値段は三千五百円でしょう？　それでもええの⁉」と言うではないか（当時の消費税は八パーセント）。

どど、どうしたらいいんや？　意味がわからない？　と焦る私にかまわず、義母は怒り続けた。

決定的な事件が起きたのは、その年の大晦日のことだった。夫と義母が、消費税込みか消費税抜きかを巡る、大げんかをしてしまったのだ。

3．大晦日の消費税論争

「どうでもええやないか！」

私にとって悪夢のような行事。それはわが家の年越しイベントだった。なぜだかわからないけれど、義理の両親が大晦日からわが家に泊まり込んで正月を過ごすのが例年の決まりで、私はそれこそこの十年ほど、修行僧のような心持ちで正月を送っていた。まさに荒行だった。

それでも、車で約三十分の場所に住む両親が息子夫婦の家で年越しをしたいと思うのは当然のことだろうと理解していた。ソロ活動が何より好きな私にとっては理解不能な心情なのだが、通常、高齢者は孫と過ごすためなら命を燃やす。ちなみに私のママ友は毎年夫の実家で年越しをするたびに夫に対する愛情がゼロに、憎しみが百に近くなると言っ……おっと、ここまでにしておこう。

二〇一八年の大晦日、義母が消費税に強くこだわるようになってから初めての年越しだった。一杯飲んでいい気分になったように見えた義母が突然、消費税の表示について強い口調で話しはじめた。内容としては、経営していた和食料理店で提供するランチの値段を税込みにすべきか、それとも税抜きにすべきかということだった。

私は、「どっちでもいいんじゃないすか」と答えた。夫も「べつにどっちでもええんとちゃうの」と答えた。すると義母が、「でもお客さんから不満が出るでしょう？」とイラッとした顔で言う。私も夫も、その意味がよくわからなかった。何度も私たちがそれでは税込みにすればと言うと、いや私は税抜きでないと困る、それじゃあ税抜きでええやんと言えば、いや、税込みじゃないと困ると、本気で意味のわからないやりとりが続き、夫がついに爆発した。

「どうでもええやないか！」

私はと言えば、この不毛なやりとりが愉快でたまらなかった。グフフ、なんだか面白いことになってきたぞ……と、気軽に考えていたのだ。もちろん、義母の様子が変わってきていたことには気づいていた。でも、まさか、それが認知症の始まりだとは思わなかったのだ。

夫と義母が本気で揉めているのは気になったのだが、二人は似たもの親子で、普段から喧嘩も口論も珍しいことではなかった。お互い、ジャブを出し合っているぐらいにしか見えなかった。そのうち議論を見学するのにも飽きてきたので、しれっとパソコンに向かって大好きなインターネットショッピングをしていたのだが……背後から突然、義母の怒った声が聞こえてきた。

「文句があるんだったら、はっきり言いなさいよ。帰って欲しいんやったら、今から帰るで！」

あらぁ、予想以上に口喧嘩がこじれちゃったかもしれないわね、これだから酒を飲んで口論なんてろくなことにならないわ〜と思ったのだが、なんと義母の視線は私にロックオンされていた……私かい！　私に怒ってんのかい！　えええっ。

私は狼狽《うろた》えながらも冷静な声で義母に「そんなことないですよ。ゆっくりしていって下さい」と答えた。確かに心のなかでは一秒でも早く正月が終わってくれと念じていたが、それを態度に出したつもりはなかった。

そもそも、私のソロ活動について、義母は慣れっこのはずだ。どれだけ義母が様々なアプローチ（例えばお茶会に誘うとか、いっしょにデパートに行って花柄のワンピースを買いましょうとか）を仕掛けても、私は無反応を貫いた。それも二十年近くだ。だから今さら義母が私の態度を叱るなんて考えられなかった。

しかし義母は、ぶすっとした表情でリビングから出て行った。バーンとドアが閉まる音がした。これは珍しいことなので、面食らった。義母はそもそも、冷静な人だ。たとえ怒っていたとしても、それを表に出すような人ではなかった。義母は宿泊する部屋に戻った様子だったが、部屋の中からは大きな声が聞こえてきていた。義父に対して何か言っている。帰る、いや帰らないと揉めていたのだ。

これまずいんじゃないの⁉ と思った。これは今までで最もまずい状況だ。私は夫に「どうする?」と聞いた。すると夫は「ほっとけばええよ」と答えた。それもそうやなと思い（あっさり）、私はインターネットショッピングに戻り、ようやく寝たのは夜中過ぎだったと思う。義母の大きな声はしばらく聞こえてきていた。それにしても、一体なにが起きたのだろうと、とても不思議だった。

静かな、いつもどおりの朝

さて、翌朝。つまり、元旦だ。私は朝早くから起きて、締め切りの迫る原稿を書いていた。するとそこに義母が現れたのだ。私は義母の顔を見るなり、「おかあさん、ゆうべはすいませんでした。帰って欲しいなんて思ってなかったんですけど、そういう感じに見えましたか？　そうだったらごめんなさい」と言った。すると義母は「え？」と答えた。その表情はいつもの義母だった。穏やかで、明るく、私に気を遣って、朝からエプロンをして、キッチンの片付けをしようとしてくれていた。

義母は少し不安そうな表情で、「私、あなたに何か言ったかしら？」と私に聞いた。義母の戸惑いに気づいた私は、「いえ、なんでもないです。私の勘違いでした」と答えたのだった。

結局、この年の正月以降、わが家の年越しは、私たちが夫の実家に戻り、両親と一緒に食事をし、大晦日の夜遅くに解散というスタイルになった。消費税で揉めたからではない。場所が変わると義母が混乱することが分かったからだ。このようなライフスタイルの変更は、この一年で一気に増えた。私が辛くてたまらなかった年越し行事は、義母の急速な変化がきっかけとなり、静かに終わったのだった。

4．義父、倒れる

緊急入院

二〇一九年の夏の盛りの八月下旬、その日は突然訪れた。いつものように子どもたちを送り出し、締め切り迫る原稿を必死に書いていたそのとき、義母から入電したのである。しかし、その内容はまったく要領を得ないものだった。義父が倒れて、いま近くの病院にいるが、次にどこかに行くらしいと小さな声で義母。「どこかに行く」とはどういうことなのかと聞き直す前に、電話は唐突に切れた。義母の混乱と狼狽《ろうばい》に、言い知れぬ不安で胸がいっぱいになった。

これは何かがおかしい。義母の携帯電話を鳴らしても全く反応がない。しばらくすると再び義母から電話がかかり、状況をやっとのことで把握した。義父に軽い脳梗塞の症状がでて、たまたま家にいた義父母が営む和食店のアルバイトのケイちゃん（三十代）の助けを借りて病院に運び込み、そして救急車で別の大きな病院に搬送されたらしい。

その病院で脳梗塞と診断されて、そのまま救急病棟で点滴を受けた。状態も安定して、本人は会話もできているし、元気だという。命に別状がないことを確認し、夫に病院に直行するように伝えると、私はとにかくやらなければならない仕事を片付けて、病院に向かった。

義父の病状は深刻なものではなく、顔色もよかった。症状がでてすぐに病院に行ったことが功を奏したという話を主治医から聞かされた。本人は驚いた様子だったが、次第に落ち着きを取り戻して冷静に話もできるほどだった。その後も順調に回復を遂げ、小康状態となってからはリハビリ病院に転院し、日夜リハビリに励んだ。心配なのはむしろ義母だった。

義父が倒れた日の夕方、ケイちゃんに病院から家まで送り届けてもらった義母に会いに、夫とともに実家に向かったときのことだ。義母は暗い部屋で、一人でぼんやりと座っていた。そして私と夫に「お父さんはどうしたの？」と聞いた。私たちは絶句した。

それまで、義理の両親はどこへ行くのにもいつも一緒だった。「一卵性夫婦」と呼ばれるほど、二人は常に行動を共にしていた。相棒とも言える義父が入院したことで、義母は途端に力を失った様子だった。しかも記憶が曖昧になり、状況を飲み込むことができないでいた。

義父の突然の入院で意気消沈した義母は、言葉少なだった。途端に気の毒になり、わが家に来て宿泊しないかと誘ったが、慣れた家を離れたくないと決して納得しなかった。仕方なく、義母を実家に残して私たちは家に戻ったが、その後、義母は食が細くなり、すっかり痩せてしまった。行動的で外出が多かった人が、出不精になった。電話の声にも張りがない。お父さんがいなくてとても寂しいと、ことあるごとに言う。

そんな義母に食べ物を届けた際、ダイニングテーブルに置かれていたメモ書きに、辛い気持ちが綴られていたのをうっかり見てしまった。

倒れた日。一番つらい日。

パパは朝ごはんも機嫌良く食べていたのだが、終わって仕事にとりかかり台所に立ったとき、ふらついてびっくりした。病院へ。それからはよく覚えていない。

私のことをよく知る友人にこの話をしたら、きっと驚くに違いない。「え、あのお姑さんがまさか⁉」とびっくり仰天のはずだ。それほど義母は強烈なキャラを持つ人で、過去二十年にわたって私と数々のバトルを繰り広げてきた。そんな人が弱っているなんて、なにより私が一番信じられなかった。

残酷な現実

元の静かな生活に戻りたい。義理の両親が求めているのは、それだけなのだと手に取るようにわかる。たったそれだけのことなのに、当時の二人には大きな課題だった。簡単なものごとが人生最大の難関になるのが老いであり、病だ。今まで手中にあったものがあっという間にこぼれ落ち、二度と元には戻らない。それを目の前で見ていることしかできない。現実とはなんて残酷なものなのだろうと思わずにはいられない。それでも少しばかりは現実に抗って、戦わなくてはならないと二人も感じているだろう。

いま、でっかい「人生」という文字が、私の頭上にドカンと落ちてきている。

苦労してきたあんなこともこんなことも、腹が立って仕方がなかったあの言葉も態度もすべて消え失せた。私の目の前にいる二人は、すっかり力を失い、誰かの助けが切実に必要になった老人である。

5．義母、認知症と診断される

夫婦の確信

義父が脳梗塞で搬送された総合病院からリハビリ専門病院に転院したのは、二〇一九年九月終わりのことだった。入院していた義父のもとに、一日も欠かさず通い詰めた義母だったが、「車の運転に自信がない」といい、駅前からバスに乗って行くようになっていた。病院から次々と言い渡される手続きや、義父の介護認定を行うためのケアマネとの折衝など、義母はそのすべてを「わからない」といい、私と夫で担うようになっていた。

家から着替えを運ぶはずの義母が、「同じ服ばかり持って来る」と義父は連日怒っていた。セーターやコートや靴下ばかり持って来て、肝心の下着やタオルを持って来ないというのだ。病室のロッカーに詰め込まれた何枚ものセーターを私に見せ、義父はますます怒りを露わにした。

リハビリ病院に転院するまえにしばらく入院していた総合病院でも、同じことは起きていた。頼んだものを持ってきてくれないと義父が訴え、義母の代わりに夫や私が持って行くようになった。義母は、夜になるとわが家に電話をかけてきては、「庭を誰かが歩いている」と訴えたかと思えば、「お父さんの生命保険の証書がない。あなたが盗んだ」と夫を責めることもあった。

私に対しても、「ここにあったお金がない」「テレビのリモコンを持って行ったでしょう?」と疑いの目を向けた。この頃にはもう、私たち夫婦のなかには確信めいたものが生まれつつあった。義母は認知症なのではないか、ということだ。

当時の義母のメモにはこうある。

車のキーをどこかにかくして(保管のつもりが)出てこない。
つらい　つらい　つらい!

義母から夫に、「車の鍵がどこかへ行ってしまった。あなたが持って行ったでしょ」と聞く電話の回数が格段に増えた。「これはもう、まずいことになってきたよ」と言う私に、夫はまだ信じられないような表情をしていた。義母の状態は、それほどまで突然に悪化の一途を辿ったのだ。

要介護認定を申請

義父の担当ケアマネに、義母の様子がおかしいことを打ち明け、アドバイスを求めた。彼女は、それであれば地域の窓口があると教えてくれた。

私たちが地域包括支援センター（介護スタートにあたり相談に応じる地域の総合窓口）に向かったのは、義父がリハビリ病院に転院した直後、二〇一九年九月のことだ。要介護認定の申請を行い、義母を担当するケアマネHさんがすぐに決まった。翌週には、ケアマネと私が話合いの機会を持ち、義母の現状の確認を行った。その次の週には、介護認定調査員が義母と面談し、聞き取り調査が行われた。

要介護認定とは、介護サービスがどの程度必要なのかを判断するためのものだ。市町村の窓口に申請が必要で、まずはコンピュータによる一次判定、介護認定審査会による二次判定が行われ、主治医の意見書などから総合的に判断され、決定される。要支援には1から2が、要介護には1から5までの段階がある。わが家の場合、二〇二四年五月現在は義父が要支援1（基本的な生活はほぼ自分で行うことができる）、そして義母が要介護3（中等度の介護が必要な状態。着替え、身の回りのことは、一人ではできない。理解の著しい低下などがある）である（詳細はエピローグに）。

義母から目が離せない

義父の入院中、義母を一人で実家に住まわせることは危険だとのケアマネの意見から、私と夫は義母をとりあえず一週間、わが家で預かることを決めた。

身の回りの荷物とともに義母を車に乗せてわが家に向かう道中、義母は「どこに行くの？」「誰の家に行くの？」とひっきりなしに聞いてきた。まるで、わが家への道のりを一切記憶していないかのような言い方だった。夫は怒った口調で「俺の家だよ！」と答えていた。

わが家に到着した義母は完全に混乱していた。きょろきょろと辺りを見回し、不安そうだった。もちろん義母は、わが家には何百回と来たことがある。むしろ、そう頻繁に来ないで欲しいと私が訴えるほど、遠慮なしにやってきていた。それなのに、とても居心地が悪そうにし、あれだけ溺愛していた孫たちにも素っ気ない。双子で似ていることもあって、どっちがどっちかの区別もついていない。お義母さん、ここで寝て下さいねとベッドを示しても、不安そうに座ったままで横になろうとしない。私はそんな義母を見て、大いに不安になった。

義母は「失礼致しました……」と小さい声でつぶやきながら、帰り支度をし続けた。少しでも目を離すと、玄関から出て行こうとする。

この日から数日、私は義母から一切目を離すことが出来なくなった。私が仕事をしている隙を見て、義母がすっと玄関から出て行ってしまうのだ。薄着のまま家を出て、どこに向かうのかと観察していると、どんどん山道に向かって歩いて行って、大慌てで追いかけたこともあった。家の周りをぐるぐると、ただ歩いている日もあった。家の外構に背中をつけ、忍び足で歩く姿を目撃したときはショックだった。何を警戒しているのか。

私は変わってしまった義母の姿を見て、恐怖を感じるようになった。もしかしたら彼女は、私の存在すら、わかっていないかもしれない。パソコンに向かっているとき、ふと感じる義母からの視線。ドアの隙間から私のことをじっと観察し続ける義母。私はキッチンに無造作に置いてあった包丁を隠した。山道に向かう義母の手を掴んだとき振り返った彼女の目が、他人を見るそれだったからだ。

人生はジェットコースターのように

私はケアマネに義母の様子を必死に説明し、助けを求めた。ケアマネは、「急いだほうがいいですね」といい、要介護認定に必要な「かかりつけ医からの意見書」取得のため、認知症専門病院を大急ぎで受診することになった。

初診日、義母だけではなく、実は私までも大混乱に陥っていた。世の中には、「未知のウイルスによる感染症患者が増加しつつある」というニュースがちらほらと出始めていた時期だ（後に、新型コロナウイルス感染症の世界的パンデミックとなる）。

実は義母の受診の数日前、警察署から突然入電し、東北のとある街に住んでいた実兄が、アパートで突然死したとの連絡を受けていたのだ。初めての場所に緊張した面持ちの義母を院内の待合室に残し、私は病院の外でケータイ越しに葬儀会社と兄の葬儀の打ち合わせをしていた。不思議なことに、悲しさは感じられなかった。

冷たい人間だと思われるかもしれないが、脳内がアドレナリンで満ちていた私は、無慈悲に次々とタスクをこなすモードに入っていた。思考もこれ以上ないほどクリアだった。頭のなかは八割が兄の葬式、そして二割が義母の介護認定で占められた。同時進行する、この上なく難解なタスク。

「気持ちで負けたら、そこで終わり」

私は診察室から出てくる困惑しきった義母の顔を見て、そう自分に言い聞かせた。人生は、突然猛スピードで進み出すジェットコースターだ。

結局、様々な検査を経て、義母は初期の認知症との診断を受けた。二〇一九年十一月初旬のことだった。

6．すべて完璧のはずだった──介護が本格的にスタート

義父の退院、義母の戸惑い

二〇一九年十一月下旬、八月下旬に倒れ入院生活が続いていた義父が、ようやくリハビリ病院を退院した。義父は入院中に要支援1の判定を受け、退院と同時に介護サービスを受けることが決まっていた。義母は要介護1（二〇二四年五月現在、要介護3となっている）の判定を受け、義父の退院と同時に、義父と共に介護サービスの利用を始めることになっていた。

退院直後の義父は、左半身にわずかに麻痺が残っていたが、おおむね元気に過ごすことが出来ていた。三か月にわたる入院生活で、すっかり体力は落ちていたものの、退院直後のめまぐるしい日々を気丈に乗り切っていたと思う。

義父が退院して大喜びするはずだった義母は、ただただ、戸惑っているように見えた。義父の退院に合わせて、次々と家を訪れる介護関係者に怒りを抱いていたのだ。

ケアマネやヘルパーさんが家に入って来る度に、「あなた、どなたですか」と強い口調で詰問した。次々と設置されていく介護用品（手すりなど）を嫌がり「こんなものをつけられたら困る。うちには年寄りも病人もいないのに」と言った。義父に対しては、「今までどこに行ってたの？」とか、「あの女の人はだれ？」（ヘルパーさんのこと）といった質問をするようになっていた。

義母のあまりの変化に驚いた義父は、退院の喜びもつかの間、終始義母の様子をつぶさに見守ることになった。この時点で義母は料理が出来なくなっていたので、ヘルパーさんに調理補助を頼んだのだが、キッチンに自分以外の女性が入ることを義母は許さなかった。そこで宅配弁当を利用することになったが……両親の口に合わなかったようで、一週間も経たないうちに義父から「断ってくれ」と連絡があった。

介護サービスの導入

私たち夫婦に選択肢は残されていなかった。私にも夫にも仕事がある。実家に連日通って、二人の面倒を見ることは不可能だ。義母のヘルパーさんに対する拒絶感情は強かったが、半ば強引に、サービスを受け入れるよう頼みこんだ。

二人で一緒に通う週二回のデイサービス（通所介護）、週三回のヘルパー派遣、週一回の訪問看護師の訪問。デイサービスで義父はリハビリを、義母は義父に付き合う形で軽い運動を行った。ヘルパーさんには家事と炊事を支援してもらい、訪問看護師さんには義父の体調管理と、義父と義母の服薬管理をお願いした。

このデイサービスとは、利用者が自立した日常生活をおくりつつ、家から外に出て人々と交流したり、運動をすることで、心身の機能を維持すること、家族の介護負担を減らすことを目的としている。

「お父さんが浮気をしている」

すべては完璧なはずだった。私が頭の中で思い描いていた、「介護はすべてプロにお任せ」という計画は、これでスムーズに動き出すはずだった。しかし、後期高齢者介護は、そんなに甘いものではない。これで全てバッチリだと私が油断していた矢先、大事件が勃発した。今にして思えば、私のやり方があまりに強引だったのかもしれない。もっと義母の気持ちに配慮すべきだった。

とある日の夜中、就寝中の義父の額に義母が電化製品のリモコンを無慈悲に振り下ろした。

義母がヘルパーさんとの浮気を疑ったのが原因だった。

最初にそれを義父の口から聞いた時は、不謹慎とは思いつつも、「愛されてますねぇ」などと軽口を叩いてしまった。気の強かった義母らしい行動パターンを聞いて愉快な気持ちになったのだが、就寝中を襲われたと聞いた以上、笑っている場合ではない。

「それは深刻ですね」と、報告を受けたケアマネは心配そうに言った。かかりつけ医に何が起きたかを話し、指示を仰いだほうがいいとのアドバイスを受けた私は、すぐに予約を取りつけた。そして数日後、私、夫、義父、義母というフルメンバーで、病院まで向かったのである。

「うそばかり！」と義母は顔を真っ赤にして怒って否定した。認知症専門病院の待合室で、義父はリモコンで叩かれて赤く腫れた額を指さして、「覚えてないんか？」と義母を問いただしていた。義母は、私の目から見れば一切覚えがないようで、「そんなこと私がするわけないじゃないの」と困惑しきっていた。少し涙ぐんでいたかもしれない。そんなことを疑われるなんて、あまりにも酷い……義母の表情はそう言いたげだった。

待合室には大勢の患者がいて、中には大声を出して暴れている人もいた。義母は周囲を見渡して不安そうな顔をし、「早く帰りたい」と訴えた。

「ご家族の方お願いします」と看護師さんに声をかけられた。義父も夫も、「頼む」という顔をして私を見た。このメンバーで最も口が達者なのが私なので仕方がない。

早足で診察室に入ると、義母の主治医にリモコン事件の詳細を伝えた。義父が退院し、家に多くの介護関係者が出入りするようになってからというもの、義母は私に「お父さんが浮気をしているかもしれない」と何度も訴えるようになっていた。そのうえ、「女の足が見える。寝室から急いで逃げて行く」とか、「庭の玉砂利の上を誰かが歩きまわっている」とか、「夜中にラジオの声が聞こえてきて、眠ることが出来ない」「誰かが冷蔵庫を開けている」など、様々な話をしていたのだ。

そのすべてを洗いざらい医師に伝えた。医師はいくつかの可能性を提示しながら、幻聴や幻視が多いことを踏まえて、「レビー小体型認知症（詳細は後述）の可能性があるかもしれませんね」と言った。

私は自宅に戻ると、夫と一緒にレビー小体型認知症について調べた。インターネットで調べる限りは、義母の症状にぴたりと合う。「これかもしれないね」と、私は夫に言った。

怒りの発作

義母の認知症の初期段階で顕著だったのが、この「怒りの発作」だ。二〇一八年の大晦日の夜に私に対して怒りを露わにして以降も、こちらが恐怖を感じるほど強い怒りを私たち夫婦に対して向けることがあった。

週末のある日、突然わが家にやってきたかと思うと、私たちの態度が悪いと怒りはじめ、乗ってきた車にすぐさま戻り、急発進させて帰っていったこともある。引き留めようとした夫はもう少しで義母の車に轢《ひ》かれそうだった。

運転中に道に迷ったり、スーパーの駐車場で車を擦るといったトラブルも同時に増えたため、免許の返納と車の廃車を打診したが、とても強い抵抗にあったのは言うまでもない（詳細は後述）。ある日突然、目の周りに大きな痣《あざ》を作って帰宅したこともある。あとから調べてわかったことだが、スーパーのレジで支払いをする際に店員さんと揉めて、店を飛び出し、その時に自動ドアに激突したとのことだった。

私がとても困ったのは、義母が知り合いに電話をして（二〇一九年当時はまだ電話を使うことが可能だった）、自分の窮状を訴えるようになったことだ。電話を受ける相手は義母が認知症だと知らないことが多く、「嫁にお金を盗まれた」「息子に家を乗っ取られる」といった義母の話に驚き、わが家に電話をしてくるパターンが増えた。その度に、実は……と説明すると、相手がようやく納得するということが何度かあった。

義母の介護を続けるうえで最初の難関となったのがこの「怒りの発作」で、その矛先は、ケアマネ、私、夫の三人に集中した。特にケアマネに対する強い怒りの感情は、申し訳ないことに現在でも続いている。

義母に認知症という診断が下されたことで、いよいよ本格的な介護の日々が始まってしまった。最初から何もかもうまくいったわけではなかったが、その都度、ケアマネからのアドバイスをうけ、怖々と、一歩一歩、踏み出す日々がスタートしたのだった。

最も避けたいと考えていた義理の両親の介護を私がスタートさせた理由は二つある。まず一つ目。義母の認知症を確信した瞬間、すべてを目撃したいという好奇心が勝ってしまった。これは文章を書いて暮らしている人間の性《さが》のようなものだろう。私は記録魔で、日々の暮らしで起きる様々なできごとを、その都度文章で残している。これはもちろん、あとから原稿を書くための習慣だ。そんな多くの記録のひとつとして、義理の両親の老いを身近な場所から観察し、つぶさに記していくことを決めた。その記録が元になり、本書も書かれている。

そして二つ目は、「シスターフッド」（女性同士の連帯）だ。認知症になった義母に対する義父の苛立ちに、完璧な主婦を失った現実への怒りが透けて見えた瞬間、スイッチが入った。義母は長年にわたり、完璧な主婦として家族を献身的に支えてきた。そんな彼女の献身が、家事ができなくなったという理由で一気に清算されるなんてフェアじゃない。たかが家事ではないかと猛烈に腹が立った。清潔な洗濯物を提供できなくなったから、料理を作ることができなくなったから、掃除ができなくなったからという理由で、それまでの彼女の人生を否定することなんて、誰にも許されないはず。主婦失格の烙印を押されてしまった義母を後方支援できるのは、私しかいないだろうと考えた。

この二つが、全力で逃げたいと考えていた義理の両親の介護を、私がスタートさせた理由だった。

第二章　遊びじゃねえんだよ——介護は体力勝負！（二〇二〇～二一年）

1．義父、ふたたび倒れる

介護か仕事か

二〇一九年の夏に軽い脳梗塞を発症して以来、義母八十歳とともに静かに暮らしてきた義父八十七歳だったが、気温が下がりはじめた二〇二〇年十月の中旬あたりから少しずつ体調を崩し、十一月、参加していたデイサービスで倒れてしまった。毎日ゆっくりではあるが散歩をし、庭の手入れをし、とても元気そうな様子だったので、私も油断していた。

その日は朝から義母とともに迎えの車でデイサービスに行き、軽い運動をしていたそうだ。運動をはじめてからしばらくして顔色が悪くなり、立っていることができなくなった。その時点で、デイサービスから私のケータイに連絡が入った。

そのとき私は、今まさに家を出るというところだった。午前中にＰＴＡの役員会が開催されることになっていて、役に就いている私は当然参加するつもりだった。コロナ禍ゆえ、その年はＰＴＡとしての活動はほとんどできていない状況が続いていたが、それでも一応は集まって、短時間であっても翌年度の計画などを立てることになっていた。パワフルな会長を囲むこの時間は、とても楽しく、そして貴重なのだ。いそいそと車に乗り込んだ、ちょうどその時だった。

「お父様が倒れまして……」という申し訳なさそうな職員さんの声が、ケータイから聞こえてきた。ケータイが鳴ると、ろくなことが起きないような気がする。そろそろトラウマになりそうだ。様子を聞くと、反応はあるということ。会話はできるけれど、血圧がとても低いらしい。「すぐに向かいます」と伝え、車のエンジンをかけ、ＰＴＡのグループＬＩＮＥに「義父が倒れました。欠席させてください」と連絡を入れた。

ため息が出た。義父が悪いわけではない。でも、自分の生活のペースを乱されることが、年を取れば取るほど負担になる。体力的な負担ではなく、精神的な負担だ。抱えている数々の仕事も、ずしりと重くのしかかる。また翻訳作業が遅れてしまう。残りのページ数はどれぐらいだったっけ……と、暗い気持ちで車を運転し、デイサービスに向かった。

到着すると、義父がベンチに横たわっていた。顔色を見た。こ、こ、これは……！ 蠟人形なのか⁉ というほど真っ青だ。意識は朦朧としている。結局、救急車を呼ぶことなり（というか、なぜ施設は救急車をすぐに呼んでくれなかったのだろう）、義父と私を乗せた救急車が向かった先は、私がここ三年ほどお世話になっているかかりつけの大病院だった（二〇一七年にこの病院で心臓弁膜症が発覚した）。ただいま～という気分だったのはいうまでもない。

結局、義父はそのまま入院し、一週間ほどで無事退院した。ありがたいことに大事には至らず、とても元気だ。そして義母は、義父の留守中、ずっとわが家で寝泊まりしていた。義父が脳梗塞で倒れて以来、二度目の滞在だ。

ただでさえ手狭なわが家で、義母には部屋を用意できず、愛犬ハリー（四十五キロ）と添い寝状態になってしまった。ハリーは生まれ持っての介助犬なので、ずっと義母に寄り添ってくれた。犬好きの義母はたいそう喜んでいた。私は毎日三回の食事、洗濯、掃除、服薬管理などに追われ、仕事を完全にストップせざるを得なくなった。

それでも、目の前にたたずむ義母の気の毒な状況を見れば、わが家にいてもらって、彼女の身の回りの世話をすることは、一人の大人として当然のことと思えた。自分でも驚きだ。人間って変わりますね（さすがに長い一週間で、次の週はベッドに倒れる日々を送りましたけれど……）。

母との生活に戸惑う夫

不思議なもので、突然の義母との同居生活に最も戸惑っていたのは夫だった。高齢になった母親の暮らしぶりをつぶさに目撃することに私の想像の何倍もショックを受けてしまう夫は、終始、落ち着きがなく、苛立ちを隠さなかった。夫の心情がなんとなく理解できる私は、義母の世話のほとんどを請け負い、義父の入院関連の手続きや世話は、すべて夫に任せた。もし私の両親が長生きしていたら、私は彼らを介護できただろうか。きっと無理。

親子の関係とはややこしいものだ。一時も離れず暮らした日々を忘れることはないが、別の世界を見いだした子は、親との濃密な日々から距離を置こうとする。愛情が薄れたわけではないが、その愛情に包まれた世界に再び戻ることは、ある意味、窮屈で避けたいことなのだ。

そんなことをつらつらと考えながら、一週間ものあいだ、義母とともに昭和四十～五十年代の名作ドラマを鑑賞しつつ過ごした。なぜ自分の母親と、このような時間を過ごすことができなかったのかと考え続けながら。

2．大混乱——義母の運転免許返納

義母に運転させる義父

アクセルとブレーキの踏み間違いによる交通事故が、頻繁に報道されるようになって久しい。中には悲惨な結果を引き起こした事故もある。もちろん、加害者がすべて高齢者というわけではないが、高齢のドライバーによる危険運転が増えたのも実情ではないだろうか。

運転免許の自主返納について、何歳から返納すべきといった取り決めはない。しかし、六十五歳以上の高齢者には返納が推奨されているというのは、どこの都道府県でもだいたい同じらしい。そして自主的に返納した運転手には様々な支援制度が用意されている。自主返納は、二〇二二年は全国で四十四万件あまり。そのうち、七十五歳以上は約二十七万件だ。

それでは、村井家の場合はどうなのか。

義父は、二〇一九年に脳梗塞で倒れ入院し、退院した直後、何の迷いもなく運転免許の自主返納を決めた。私たち子世代が説得するまでもなく、「返納してくる」と晴れ晴れとした顔をして、義母の運転する車で警察署に行った……ツッコミどころがありすぎる。というのも、義母はその時点ですでに車の運転など、できないはずの状態だった。

それなのに、退院直後の義父は、義母を運転手として町内を自由自在に移動する気満々だった。義母に運転を頼む気があったからこそ、彼はなんの迷いもなくあっさりと運転免許を手放したというわけだ。

ちょっと待ったぁ！　と義父を止めたのは、もちろん、私と夫とケアマネだった。

義母の激しい抵抗

義父がふたたび倒れた二〇二〇年十一月以降、私と夫は義母に免許を返納させようとやっきになっていた。義父にも、絶対に義母に運転をさせてはいけないと言うものの、義父は私たちの目を盗んでは義母に運転をさせた。近所だったらいいかと思ったというのがその理由だったが、それはケアマネまで「なんなんですか（怒）」と怒りに震えるような義父の行いで、容認することはできなかった。結局、義父は私たちの説得に応じ、義母に車を運転させることをやめた。

しかし、とにかく大変だったのは、義母の説得だ。義母は、なにがなんでも運転免許の返納を迫る私と夫とケアマネに、容赦ない怒りをぶつけた。

「なぜですか？」「法律にそう明記されていますか？　そうでなければ絶対に返納しません」と、厳しい表情で私たちを睨み付けて抵抗した。

「私は運転できます」「道に迷ったことは一度もありません」と言われれば、「そうですか……」と返すしかない私とケアマネ。「この前、道に迷ったじゃないか！」と、実子ならではのストレートな物言いをする夫。

義母vs.夫の火花の散らし合いは延々と続いたが、状況は変わらなかった。結局、義母の説得は一か月以上にもわたって続けられ、もうこれ以上の説得は無理だと判断した私と夫とケアマネは、最終手段に出た。義母の車をわが家まで移動させ、廃車にしたのだ。義母がわが家まで車を取りかえしに来ることは、実質不可能だった。

もちろん、事前に義母にはその旨、伝えたし、義父には了承してもらっていた。「お義母さん、申し訳ないですが、車を移動させますね」という私の言葉に、義母は何も言わなかった。夫は「危ないから移動させる。オヤジには許可を取ったから」と言った。

その夫の言葉に対しても、義母は何も言わなかった。

後日、義父が付き添って警察署に出向き、義母は運転免許を返納した。二〇二〇年末のことだ。その日以降、義母のなかではひとつのストーリーが出来上がっている。

そのストーリーとは、「テレビで高齢者が事故を起こしたニュースを見たから、免許は返して、車も廃車にしました」というもので、義母はその事故の様子を詳細に語る。本当にそのような事故のニュースを目撃したのかどうかはわからない。それでも、義母のなかに納得のいく理由ができたことはよかった。

車を移動させた直後は、泥棒だと怒りをぶつけられた私と夫。ある日は泣きながら電話をかけてきて、「車の代金を三百万円支払ってくれ」と言われたり、「（和食店を営んでいるときにお世話になっていた税理士に電話したら）子どもであっても、車を盗むのは窃盗罪にあたるということですから、警察に通報します」と言われたり、とにかく義母の車に対する執着は強かった。ケアマネ曰く、「車って自立した生活の象徴みたいなものですから、それを奪われてしまった焦りと悲しみ、そんなところだろうと思います。よくあることですよ」ということだった。

3．遊びじゃねえんだよ——ワクチン付き添い奮闘記

二〇二一年、前年に世界中で猛威を振るった新型コロナウイルス感染症の影響は、当然わが家にも及んでいた。子どもたちの休校、目に見えないウイルスへの恐怖、そして始まったワクチン接種。義理の両親のワクチン接種も、当然、我々夫婦が支援しないといけないわけで……。自分と子どものワクチン接種もこなしながら、高齢者の接種までマネジメントしなくてはいけないなんて！　介護とは体力勝負！　以下は当時の死闘の記録である。

とにかくまずは予約

私が「新型コロナウイルスワクチン接種のお知らせ　【接種券在中】」と印刷された封筒を実家のダイニングテーブル上で発見したのは、二〇二一年四月上旬のことだった。

義父と義母は、大事な書類や封筒といった類いの整理が苦手になってきている。最近

では、郵便物の正体がわからないと、どこかにしまい込んで、そのまま忘れてしまうことも増えた。

ここ一年ほど私が週一回のペースで郵便物はすべて精査しており、今回はラッキーなことに発見が早かった。見つけたときは、思わず、「あった！」と声が出た。震える手で封筒を握りしめ、これか、これがワクチン接種券……と感激。封筒には「四月五日（月）午前九時より予約受付開始です」と書かれた赤いスタンプが押してある。

早速ビリビリ破って封筒を開くと、中から様々な書類が出てきた。予診票、ワクチン接種の流れを説明するイラスト、接種券、問診票。ざっと目を通し、インターネット予約の方法を確認する。ＱＲコードもついているので楽勝だ。この時点で、義母の接種券はまだ届いていない状況だった。同じ高齢者でも七歳の年の差のある二人（二〇二一年四月当時、義父は八十七歳、義母は八十歳）の接種予約は、別日程で行われる。あるいは最悪のケースだと、義母に届いた接種券は廃棄されたか、どこかの引き出しに眠っている。

とりあえず、義父の分だけでも予約を完遂せねばと悲壮な決意を持って挑んだネット予約当日、見事に玉砕した。まったくサイトに繋がらず、繋がったと思ったら、すでに予約枠は埋まっていた。この間、わずか十分程度だ。日頃ネットショッピングで鍛えている私でもこのていたらく。高齢者がインターネット経由で最後まできちんと予約できるとは思えなかった。

指定された二度目の予約日、予約ページはさほど混雑しておらず、一度に接種場所の確定と、二回目の予約まできちんと済ませることができた。予約表もダウンロードして、印刷した。自分で言うのもなんだが、いつも通り完璧だ。

義母の接種券は義父の予約が完了した直後に実家に届いていた。光の速さで義母の分も予約を済ませ、老夫婦には「一人二回の接種で、すべて別の日の予約になっていますからねッ！　一回につき、一人ッ！　まずはお父さんからッ！　それ以外の日程は別途連絡！」と何度も念押ししたのだが、二人が理解してくれたのか、当日まで記憶してくれるのか、定かではなかった。

まさかのスーツ姿

さて、接種当日である。

集団接種会場である近隣ホテルに義父を連れて行くだけなので、基本、大人一人の付き添いでいいはずだったが、なんとなくいやあな予感がして、夫を運転手として同行させることにした。私一人のほうが何かと動きやすいのだが（老夫婦に対して容赦なく事務的に作業を進めるので）、なにせ初めての接種だ、なにが起きるかわからない……という、介護生活二年目突入の私の勘が働いた。

闘志を燃やしながら実家に到着した私が見たのは、ビシッとスーツで正装した義父だった。そしてその横には、めちゃくちゃおしゃれをした義母が立っていた。

おいおい!!　旅行かよ！　義母は一緒に接種される気満々な様子で準備万端整っているし、義父はスーツを着込んで革靴まで履いてるぞ！

思わず「なにぃ！」と大声が出かかったが、ここはぐっと堪え、怒らない、怒らない……と心のなかで繰り返し、義母には「おかあさんは来週だから」と何度か説明した。「おかあさんにも打ってやってくれ」（こういうのが一番腹立つ）と、半泣きの義父に訴えられながらも、非情な態度で半袖下着に着替えさせ、ホテルまで引っぱって行った私なのだった。

接種自体は大変スムーズで、あっという間のことだった。医療関係者、ワクチン接種対策室のみなさんの働きには心から感謝だ。接種一回目はこんな感じで、付き添いの私はグダグダに疲れきってしまった。あと三回あると思うと遠い目になる。それも次は認知症と診断されている義母を連れて行かなければならない。とっさのハプニングに対応できるように、ジャージで行こうと思った。

超心配性の義父にうんざり

認知症になってしまった義母ではあるが、適応力が非常に高いのが彼女の特徴だ。とにかく、周囲の状況を見て、咄嗟に判断する力はしっかりと残っている。そのうえ、彼女は性格が明るく、プラス思考。認知症が進行してしまった今でも、とても付き合いやすく、一緒に行動してストレスのない人だ。義父の付き添いに百のパワーが必要だとしたら、義母に必要なのは〇・五ぐらい。同じ死闘であっても、義母とのそれは、なんだか楽しい。

正直な話、私にとっては義父よりも義母の方がよっぽど楽だ。認知症と診断されている義母だが、そのときどきの理解度は驚くほど高い。当時の義母を見て、認知症とわかった人はそうそういないだろう。そのうえ、あっけらかんとした性格で、常に明るく、笑いを絶やさない。若いころはかなり意地悪な……いやなんでもないです、とにかく、私からすると義母は本当に楽な人だ。なにせ、話が通じるのだから。

一方義父は、面倒くさいことこの上ない。なにせ、性格が暗い。なんとも重い男だ。あまりにも暗くてうんざりしてくる。すいません、悪口書きすぎましたでしょうか。でも本当に、「いいかげんにして」と言いたくなるような人なのだ。

例えば、私が実家に行く日は、朝から庭に立っている。立って何をしているかというと、私が無事に到着するかどうかを確認しようと待っている。義父からすると、私が車に乗る＝命がけの移動。事故で死んだのではと、まさに死ぬほど心配している。もうほんとうにやめて欲しい。ストーカー気質か。義父が泣きそうな顔で立っている姿を見るたびに、ため息が出そうになる。

優しい人ではあるのだけれど、その優しさは庭の草花にでも向けて欲しい。裏庭の竹林でもいいじゃないか。とにかく、こっちの方角に向けてくれるなといつも思うのだ。

「おばあさんが泊まりに……」

そんなこんなで、今回は義母の付き添いというわけで、私としては楽な気持ちで挑むことができた。介護生活もそれなりになると、いろいろとコツがわかってくるというもので、あまり大げさに騒ぎ立てないほうが物事はうまく運ぶもの。だから、前日の夜に、かるーくジャブを放っておくことにした。

「お母さん、明日の午後はコロナワクチンの接種があるんですよ」

「あら、そうなの」

「カレンダーに予定を書き入れてくれますか？」

「わかったわ！」

義母は予定を忘れないように、几帳面にすべてカレンダーに記載している。それを毎日確認して、自分なりに工夫しているのだ。だから、そのカレンダーに記入しておいてくれと頼んだというわけ。前日はここで終わりである。持ち物などに言及すると、義母は途端に焦ってしまう。書類関連は、すでに私がきっちりと準備していた。あとは義母の身柄を押さえるだけ。それでバッチリOKなのだ。

「書けた！」

「そうですか、ありがとうございます。それじゃあ、明日行きますね」

「ありがとう〜」ということで、準備万端整ったと思ったのだが……接種当日の午前中に不穏な電話がかかってきた。

「今日の接種、行けないと思う」

「え、なぜですか？」

「本当にごめんなさいねえ〜。お母さんもまさか、突然おばあさんが泊まりに来るとは思っていなかったもんだから……」と義母が言うではないですか。

つか、誰？　おばあさん、誰？

「おばあさんって誰ですか？」

「う〜ん、ちょっと誰なのかはわからないのだけれど、おばあさんがいらしてて……」

「ほほう……」

「昨日から、泊まっていらっしゃるのよねえ……」

ピーンときました。なーるほど。私も慣れたもので、こういった謎も、理解できるようになっております。なんとなく、わかるのです。すかさず義母に質問します。

「お母さん、それはもしや……おじいさんでは……？」

「えっ⁉　おじいさん？」

「そうです、おじいさんではないでしょうか。もうひとつ言いますと、それはもしかして、お父さんではないでしょうか？」

「えっ！　お父さんなの？　ちょっと待って。いまから見に行ってくるから、電話を切らないで待っていて」

「了解です」

（義母が息を切らせて走っている音）

「（ハァハァ）そうやったわ、確かにお父さんやったわ！」

「やっぱりそうですか。よかったです！　じゃあ、今日の予防接種行けますよね？」

「うん、行けるわ。あなた迎えに来てくれるの？」

「行きますよ。半袖着ておいてくださいね！」

「わかったわ。それじゃあ、よろしくね」

「はい、それじゃあまたあとで」

義母の幻視と幻聴

このような幻視や幻聴の症状が義母に出始めたのは、二〇一九年十一月に義父が退院した直後からだった。最初は、庭を誰かが歩いている音が一晩中聞こえてくるという訴えで、次は、トイレの水の音がひっきりなしに聞こえてくるというものだった。

お父さんの布団の中から女の人の笑い声がすると言い、夜中に義父の布団を一気にめくったこともあった。義父は何をされたのかわからず、飛び起きたという。夜中に床を歩く白い足が見える、その足が風呂場まで行き、シャワーを浴びる……想像すればするほど恐ろしい映像を、義母ははっきりと見ているようだ。

義母は今でも、私たちには見えない何かを見て、その様子を詳細に語ることがある。私も夫も義父も、義母が何かを見ていることはすでに理解しているし、その内容を聞いても恐ろしいとは思わなくなった。義父は、布団をめくられたり、浮気を疑われて大変だとは思うが、最近では「はいはい」と流す方法も学んだようである。

遊びじゃねえんだよ

話を戻すと、家におばあさんが泊まりに来ている問題は解決、私は約束の時間に実家に義母を迎えに行ったのだが、またもや義父が庭で立って私の到着を待ち構えていたのである。

表情はとんでもなく暗い。明日ハルマゲドンが来ても納得の暗さだ。なんなの、地球滅亡なんですか？　正直な話、うんざりした。まさかですけど、接種会場までついてこようとしているのではないか。ふたたびピンときた。はあ、一人だけでも大変なのに、二人は勘弁してほしいですな〜。

車から降りると、鉄球のように重い雰囲気でじーっと私を見てくる義父。だから、「お父さんは留守番ですよ」と、先回りして、ものすごくはっきりと伝えた。

遊びじゃねえんだよ。こちとら、命がけでやってんだ。冗談じゃないっつーの！

義父はあきらかにがっかりした表情で、「そうか、お父さんは行かなくてええんやな」と言った……半泣きで。行かなくていいもなにも、むしろ、来ないでくれ一択！

「お父さん、打ったらすぐに戻りますから、心配しないでください。ちょっとの間だけ留守番しててください」と、氷のように冷たい声で言ってしまった。後ろに立っていた運転係の夫が「あまり詰めないでやってくれ」と小声で言った。

詰めてないんだよ。一時間ぐらい留守番できるだろっつー話なんだよ……と、今度は低い声で夫に言ってしまった。このあたりから私のなかで、怒りがマグマのようにふつふつと湧き上がっていたに違いない。

だから、遊びじゃねえんだよ！

準備万端整い、メイクもばっちりでご機嫌な義母を車に乗せ、接種会場のホテルに到着。前回義父が接種した会場と同じ、琵琶湖沿いにあるナイスなホテルだ。

義母は当時、走れるほどに運動能力も高く、足腰もしっかりしていた。私と同じペースでスイスイと歩き、本当に楽だった。運転手の夫を車に残し、私と義母は談笑しつつ接種会場に到着した。この日はとても空いていたので、なんと十分もかからず接種はあっさり終了。接種後の十五分の待機も二人で仲良く話をしつつ過ごし（自撮りなども行い）、スムーズに会場から出た。信じられないぐらい楽だった。ああ、義母は本当にしっかりしている。なんて素晴らしい人なのだろう。最高の気分だ。

二人でホテルから出て、駐車場へ向かっていると、ホテルの従業員の人に声をかけられた。私たちがキャッキャ言いながら琵琶湖を見ていたので、写真を撮影してくれるというのだ。親切な人だ。私と義母は、琵琶湖を背景に笑顔で写真に収まった。義母は、とてもうれしそうだった。私もうれしかった。なにせ、これで、接種一回目は終了。あとは二回目を打てばいいだけである。この調子だったら二回目の接種も楽しく、素早く終わるに違いない。

私、ちょっといいことしちゃったな〜と笑顔で考えていたその瞬間だ、私のケータイが鳴ったのだ。着信は義父からだった。

何⁉　おいおい、何が起きた⁉　まさか転倒⁉　後期高齢者の転倒&骨折はダメです、命取りですと焦りに焦って出ると、いつもの暗い声で「……もしもし……」だ。

ぎぃいいいいい、暗い！　暗すぎる！

「お父ちゃんやけど……今から、みんなでどこかにごはんでも食べに行かへんか？」

もう、どうにも自分を止められなかった。「ハァ⁉」と大声を出してしまった。

「今からレストランとか無理ですから！」

勢いよくブチッと電話を切った。そして思わず、「遊びじゃねえんだよ！！！」と義母の前で口に出して言ってしまった。だって、仕事だって家事だって投げ出して、週末のゴールデンタイムを犠牲にして、ここまではるばるやってきたのだ。ようやく終わったと思ったら、今度はレストランに行きたいだと……正気か⁉

そんな私を見た義母は、「今の、お父さんやろ？」と言った。私はぶすっとした表情のまま、「はい」と答えた。

「あの人はね、若い頃から親元を離れて働いていたから、さみしがりやなんよ。だから、許してあげてね」

私は青い空と琵琶湖を眺めながら、「わかりました」と答えた。そして義母を車に乗せ、スーパーに立ち寄り、義母、私、夫の三人でわいわいと食材を選び、たっぷり購入して、実家へと戻った。

反省点としては、義父に激怒しすぎた。以上。

物盗られ妄想と嫉妬妄想

ワクチン接種ぐらい、文句言わずに行ってあげなさいよ……事情を知らない人はそう言うでしょう。しかし、後期高齢者を連れて、何かをするというのは想像以上に体力を消耗するもの。特に、うちの義母のように、怒りの発作、そして浮気の妄想を持ってしまうとややこしいことが起きるのだ……。

認知症患者特有の症状として知られる「物盗られ妄想」と「嫉妬妄想」。前者は家にやってくるヘルパーさんが何かを盗んだ、家族が何かを隠したなど疑う症状で、相手が病気とわかっていても、疑いをかけられるのはなんとも体力を奪われる。

なにせ、こっちはやっていないのだが、あちらはこちらがやったと本気で思っている。だから、ギラつく怒りを真っ直ぐにぶつけられる。彼らにはその光景が見えている。見えているのだからそれが絶対で、それが何より正しく、それ以外は全部、盗んだ側の嘘や、まやかしだと考える傾向にあると私は睨んでいる。

これがなかなかにつらいんだよね……最初は「いやいや」と笑っていられるんだけど、これが重なってくると、ついつい「やってねえし」と黒い気持ちが心のなかに広がったりする。

物盗られ妄想も確かに悩ましいのだが、なんといっても困ってしまうのは嫉妬妄想だ。これは本当に困る状況で、なにせ物盗られ妄想とは怒りの質が違う。女性が男性の浮気を疑うというシチュエーションを思い浮かべがちだが、実際のところ、認知症患者である夫から疑われた妻が、スーパーに買い物に行くことさえできないなんて話もときどき耳にする。嫉妬妄想というよりは、束縛欲のようだなと考えたりもする。

わが家の場合、認知症と診断されている義母が義父の浮気を疑うという、なんともつらく、ありえない状況が時折発生する。しかしながら、側で目撃している者としては、認知症患者が配偶者の浮気を疑う場合、それは配偶者に対する強いこだわりが形を変えたものであって、そこに色恋は関係ないのではないかと思う。というか、わが家のパターンは絶対に関係ない。なにせ義父を見ればわかる。ありったけお爺ちゃんである。マックスにヨボヨボである。

だから色恋云々以上に私が感じるのは、分離不安だ。配偶者と物理的に離れてしまうことで、認知症患者は置き去りにされたと不安になるようだ。認知症となり心理的距離が離れてしまう分、近くにいて欲しい、近くにいたいと思うのではないか。その不安が徐々に怒りに変わり、そこから妄想に繋がっていくのではないか。

わが家のケースでは、義父が駅前の居酒屋に女性と行くという妄想パターンが大変多い。しかし義父は下戸でお酒は一滴も飲めない。居酒屋にも行ったことがない。だから嫉妬妄想と言っても、実際に浮気を疑っているというよりも、自分だけに見えている情景に怒っているというだけなのだろう。

ダメです、ダメなパターンです

さて前置きが長くなったが、義父のコロナワクチン接種二回目である。前日、実家に電話をかけて、義父に保険証を用意しておくこと、「スーツではなく」、半袖の袖をまくりやすいシャツでいること（絶対にだ）、前回同様、私と夫が迎えに行くことを告げた。

義父は、よしわかった、悪いがよろしく頼むということだった。おっと、思いのほかあっさりだ。義父は多少のもの忘れはあるが、理解力は高い。もうすぐ九十歳という年齢だが、まだまだしっかりしている。確かに性格は暗いが、そんなことはたいした問題ではない。問題なのは、その暗い性格を自己解決しないことであって、いつまでもいつまでも……あ、すいません、長くなりました。

さて、接種前日の晩であった。わが家の電話が鳴った。私はこの十五年ぐらい、この実家からの電話に本気で悩まされてきた。義父はとことんしつこく、義母はとことん悪いニュースばかりを告げてきた。義父は台風が来るから、雨が降るから、雪が降ったからといちいち電話をかけてくる。知っとるわ、そっちが雪ならこっちも雪や、だからなんやねんと三万回ぐらい考えたことがあるかな？

義母に至っては、○○さんにお祝いを頂いたから御礼の電話をしなさいだとか、庭の雑草を早く刈らないとみっともないだとか、もう本当に「え、女帝ですか？」というレベルで怖い人だった。そして、「今から行くから」と突然言いだし、断っても無理矢理やってくる。その時は苦痛でしかなかった。だから、電話は大嫌いなのだが、この日はなんとなく嫌な予感がして、すぐに電話に出た。義母であった。

「もしもし？」

「……」

無言である。

「……息子、おりますか？」

……ヒイッ！　義母の声色が普段と全く違う。これはよくないサインだ。何かが起きている。それも、何かを疑っているパターンだ。仕方なく、夫に電話を替わる。手渡すときに、小声で「ちょっといつもと違うよ」と伝えた。夫の表情が硬くなった。夫は受話器を持って義母と話しはじめると、しばらくしてこう言いはじめた。

「だから、父さんの保険の証書は、僕は預かってないって言ったやろ！　何度もこの説明はしてる。何度言っても、あんたが忘れてしまうんじゃ！」

あーあ、ダメです、ダメなパターンです。腹が立つからと言って、このような対応をしても意味がない。義母はこの一年ほど、とにかく私たち夫婦が何かを盗む、嫁（つまり私）がお金を盗む、夫（つまり息子）が車を盗む、とにかくあいつら二人（私たち夫婦）が怪しいという妄想を時に爆発させた。

「お母さん、保険の証書はお父さんが持っているから、大丈夫です。それより明日はお父さんのワクチンの日です。私も行きますからね～」と、あくまでも、明るく対応なのである。義母は一応納得したようだった。少し不吉な予感はしたが、とりあえず翌日の接種が何ごともなく済むことを願いつつ、就寝した。しかし、これは勘のようなもので、揉めそうだなと心配ではあったのだが……。

「今日はどこに連れて行くつもりなんや?」

翌日、私と夫が実家に到着すると、義父はワイシャツとスーツのズボンを着用して待っていた。もう、突っ込む気力も出ない状態だ。まあ、ワイシャツが半袖だったので許すとしようとリビングに入り、ダイニングチェアに座ったのだが、義母が自分の前に様々な書類を山積みにして怒気をはらんだ表情で無言だった。なんということでしょう。とにかく時間もないので、義父を連れ出すことにしたのだが、不機嫌な義母は自室に戻ると言いだし、戻り際にひと言「今日はどこに連れて行くつもりなんや?」と私に言った。ものすごく冷たい表情で。

まずい、浮気を疑われている。しかし、ここでめげては何もかもが無駄になると気を取り直して夫の運転する車にさっさと義父を乗せ、接種会場のホテルまで急いだ。車の中で「ふぅ危なかった」と冷や汗を拭っていると、助手席に座る義父が堰を切ったように話し出した。

数日前から義母の機嫌が悪く、加入している保険やその他様々なことについて、義父の覚えのないことがらを並べては、責めるのだという。テーブルの上に紙やちらしを山にして、すべて説明してくれと怒るのだそうだ。私はふんふんと聞いていたのだが、夫が苛ついてきているのがわかった。

「父さん、もう何十回も言ってるけど、相手は病気！　だから言ってもしゃーないの！　どれだけ言っても忘れちゃうんだから、我慢するしかないんや！」

義父は小さな声で「うん……せやけど……」と言っていた。

接種会場のホテル駐車場で車を降り、前回と同じく私と義父と二人で会場に向かった。義父は終始無言だった。私もなんとなく声をかけることができず、黙ったまま順番を待ち、問診を受け、そして接種が無事終了。最後の十五分の待機時間になった。二人で無言なのも面倒なので、私はようやく義父に話しかけた。

「相手が病気だってわかっていても、毎日覚えもないことで責められ続けるのはつらいですよね」と私は言った。

すると義父は突然涙声になり、「そうなんや、あの子（夫のこと）はあんな風に言うけれども、ほんまに、ほんまに……ウッ」

うわーっ、陰気な性格でたーッ！

遠くで私たちの様子を確認していたスタッフが、すわ、副反応か⁉ という勢いでこちらにやってきた。「あ、いえいえ、大丈夫です」と慌てて誤魔化した。

「どれだけ説明しても、わしが嘘をついているの一点張りや」と涙目で訴える義父に、わかりますよと答え、しばらく話をした。病気だから仕方ないと理解しているものの、誰かに聞いてもらえないとつらいですよね、わかります。

待機時間終了とともにホテルを後にし、その後は前回と同じくスーパーマーケットに立ち寄り、買い物をして実家に戻ったが、義母が大好きな白身の刺身を真っ先に選ぶ義父の背中にはなんとも言えない哀愁が……。

大きな荷物を抱えて実家に戻ると、機嫌がよろしくない義母が、忙しそうに歩き回りながら、「あんたらどこに行ってたん？ 駅前の居酒屋に飲みに行ってたんやろ？」と聞いてきた。夫は一瞬顔色を変えたが、すぐに笑って、「行ってないよ、今日はワクチンや！」と答えていた。

うむ、そろそろ理解してきたようだ。怒りは正面から受け止めるのではなく、笑顔でかわす。それが大事だ。

久しぶりの親子水いらず

後期高齢者新型コロナワクチン接種、なんとか二回目に到達です。

接種前日、義母より電話があった。

「明日は接種よね？」

「そうですよ」

「それじゃあ、どんな準備をしておけばいいんやろ。半袖よね？」

「そうそう、その通りです。書類は私が全部持ってますし、お金もいりませんから、お母さんは手ぶらで行ってくれればいいんですよ。私が車で迎えに行きますからね」

「わかったわ。よろしくお願いします」

「はーい」

という、和やかな雰囲気の会話をしていたので、当日は余裕を持って、夫とともに実家へ。しっかりと身支度を調えていた義母だったが、なにかこう、不穏な雰囲気が漂っている。義父の顔を見ると、ちょっとムッとしている。おっと、これは何かあったな……と思ったものの、書類一式を夫に手渡し、義母に「それじゃあお母さん、がんばってきてくださいね」と声をかけた。

義母はびっくりした顔をして、「え、あなたが連れて行ってくれるんじゃないの？」と聞いた。突然の予定変更で混乱してしまうだろうとはわかっていたものの、実はのっぴきならない急用ができて、私は接種に同行することができなくなったのだ。そう説明すると義母は、「あら、そうなの……今日は強敵と一緒か」と言った。強敵というところで笑ってしまった。義母のジョークは健在である。

夫と義母は似たもの親子で、義母が元気な頃は（今も元気だが）、丁々発止のやりとりが多かった。最近は夫も少しは配慮するようになったが、ここ数年は義母の変化に伴ってストレスの溜まることがあったのだと思う。口げんかに発展することが多かった。きっと、義母もストレスを溜めていただろう。

「たまにはいいじゃないですか、親子で行くのも」と返すと、「あなたと一緒がいいわあ」と義母は言っていた。そして思い出したように義父に「お父さん、鍵をしっかりかけてくださいよ。私が行っている間になにかあると大変ですから。絶対に鍵だけはしっかりお願いしますよ」と何度か言っていた。

義父は、わかった、わかったと頷き、右手を上げて、「はよいかんと遅れるで」と言い、義母を急がせた。

新たなデイサービスをプレゼン

夫と義母が出たあと、少し時間があった私は、おみやげに買ってきたラテとだんごを義父に渡し、少し話をすることにした。一人で義父が留守番するなんて機会はあまりない。普段の様子を聞くチャンスだと思ったのだ。

「お父さん、最近どうです？」と聞くと義父は、「そうやなあ……」と少し考え込んで、

「まあ、悪くもないし、良くもないってとこかなあ」と言った。

「今日も、鍵のことをずっと心配して、何度も言うんや。だから、朝から少し大変やった」

「そうですか。お母さん、お薬飲んでくれてます？」

「昼の漢方は飲んでる。夕方と夜の薬は、わしも気づいたら言うようにしてるんだが、忘れるときがあるな」

「なるほど～。それでお父さん、しんどいことないですか？　お母さんの体調が悪いと

きに、ちょっと辛いなってことないですか？　まあ、今日も大変だったみたいですけど」

「そやなあ、最近はヘルパーさんもたくさん来てくれるし、デイもあるし、あんたたちもよく来てくれるし、そこまで大変ってこともないで」

そんな義父の言葉を聞いて安心したものの、私の頭の中は前週にケアマネさんと話をした新たなデイサービスのことで一杯だった。ケアマネさんが紹介してくれた場所は、実家から数分のとても近いところにあって、新しく、きれいで、自由な雰囲気がある。昼食も提供されるし、カラオケをしたり、本を読んだり、古い映画を観たり、寝たい人は昼寝もOKな、いわば、高齢者のカフェみたいな雰囲気なのだ。いいじゃないですか、最高じゃないですか！　と感激し、ケアマネさんに見学予約を取ってもらっていたのだ。

「お父さん、ちょっと提案があるんですけど。毎日ここで二人でいたら、少し退屈でしょう？　もしよかったら、この近くのデイサービスにも行ってみませんか。朝迎えに来てくれて、お昼ごはんが出て、午後には終わりです。もちろん、車で家まで送り届けてくれます。帰りたいって言えば帰らせてくれるって言ってました」

しばらく考えていた義父は、何も言わなかった。

「そういう場所、お父さんは嫌いですよね。それは知ってます。私も、きっとイヤって思うでしょうね。でも、もしかしたら、楽しいかもしれないですよ。友達ができるかもしれない。写真で見た感じでは、とても広い板張りのリビングで、畳の部屋もあって、キッチンも大きくて、大きなテレビもあって、とても素敵でしたよ。再来週の土曜日、私といっしょに見学に行きませんか？」

「そやなあ」と義父は言った。「お母さん、行くやろか……」

「最初はイヤって言うでしょうね。でも、最近行ってる運動系のデイサービスだって、最初はイヤがってたけど、今は楽しみにしてくれてるじゃないですか。筋トレ、すごくがんばってやってるじゃないですか。肩の痛みも取れて、ますます元気になりましたよ。この前、庭を走ってるの見たもん、私」

「そやな……せっかくやから、行ってみようか」

「そうですよ。お父さんが大好きなカラオケだってあるんですよ、なんだっけ、あの歌。お父さんの十八番……『憧れのハワイ航路』！　あれ歌ったらいいじゃないですか。それに、イヤだったらやめればいいんだから。まずはチャレンジ！　それが大事！」

今までどおり、これからも

なんとか義父を説得し、ホッとしていたら、私のケータイに写真が送られてきた。夫からだった。接種会場で夫と義母が、二人並んで画面に映っていた。そっくりな顔をしていた。すぐに義父に見せると、「まったく似たもの親子やなあ」と笑っていた。「笑っちゃうほどそっくりですよね」と私は答えた。義父は二人の写真を見つめながらぽつりと、「これからどうなっていくやろなあ」と言った。

「これからも、今までと同じですよ。何も変わりません。お父さんもお母さんも、しっかり薬を飲んで、できるだけ運動して、健康的な食事を取ることを心がける。それだけです。なるべく外に出て、いろんな人と交流しましょう。絶対にその方がいいです。それから私、車が古くなったから、大きいのに乗り換えようと思うんです。コロナが終わったら、旅行にでも行きましょうよ。お父さんもお母さんも健康だから本当にありがたいですよ」

「せやなあ。それは楽しみやなあ」

「なにせワクチンも今日で終わりですし！」

「ほんまやなあ。うれしいことや」

「そうですね！」

もう帰るのかと残念がる義父に見送られながら、私は実家を出た。夫と義母はさっさと接種を済ませて、スーパーに向かうという連絡が来た。義父が一人で留守番するのも三十分程度だろう。車を走らせながら、これから先も、なにも変わらないはずだと考え続けた。

誰でも通る道を、ゆっくりと進むだけ。横断歩道に差し掛かったら、右を見て、左を見て、安全確認を怠らずに真っ直ぐ渡るだけ。そうやって、ひとつひとつ、しっかりと確認しながら、いつも通りの暮らしを続けていけばいい。いろいろな人の手を借りて、ようやく手に入れた完全に自由な時間を楽しめばいい。なにせ、それが一番大切で、かけがえのないものなのだから。

第三章　ドタバタ介護奮闘記（二〇二二年）

1．二人の人生なんだから

「家族」ってよくわからない

二〇二二年のお正月は、村井家恒例「なぜだか義理の両親がわが家で宿泊&年越し」という私にとって地獄イベントが開催されなくなって三年目ということで、穏やかに、楽しく、自由な時間を過ごすことができた。雪は降っていたけれど、雪が降るということは、正月ぐらい子どもを連れてどこかへ行くべきという謎の義務感も「雪だからいいや」であっさり片付けることができるから最高だ。正月と雪というコンボは、一年走り切った私を祝福してくれているかのようだった。だって私、去年、がんばったもの。

去年は中盤から後半にかけて、翻訳書と書き下ろしの執筆で、とにかくよく働いた。翻訳書は骨太のノンフィクションで、スケールの大きな冒険譚だ（『イントゥ・ザ・プラネット』新潮社）。深海を潜る、強靱な肉体と精神を持つ女性の生き様を訳すのは、胸躍るような経験だった。著者は同年代で、一時期は同じ地域に住んでいたこともわかり、余計に親近感がわいた。著者の勇気、自分を奮い立たせる不屈の精神。訳せば訳すほどに著者のことが好きになる、そんな一冊だった。

一方の書き下ろし原稿では、自分の家族について書いた（『家族』亜紀書房）。家族といっても、今一緒に住んでいる家族ではなく、元々の家族の話だ。両親と兄と一緒に、港町に住んでいた頃の記憶を掘り起こし、資料を集め、親戚の人たちに聞き取りをした。よりいっそう、「家族」ってわからないものだという気持ちが強くなった。ずっしりと重い内容の、まったく別のタイプの二冊に、同時期に没頭できたことは本当に幸せなことで、珍しく「あたしってもしかしてラッキーかもしれない」と思ったのだった。

しかし……。

二冊を無事校了したと思ったら、仕事が手につかなくなった。これはもう、完全にすべてを出し切ってしまったからだと思う。こういうときは、無理に仕事をしようと思ってもダメだ。それは重々わかっているので、別のことをやっておくことにした。

優先順位トップはもちろん息子たちの高校進学だが、幸いなことに、二人とも目標に向かって連日取り組むことが出来ている。それであれば次は、義理の両親だ。新しい年を迎えて、二人の生活も次のフェーズに入ってきているように思えた。義父は不思議なことに日に日に体力を蓄え、精神的にも強くなってきているように見える。自分がしっかりしなければならないという責任感だろう。一方で義母は、徐々に認知症の症状が進行してきているように感じられた。

デイサービスは義務ですか

両親が、日常を楽しむことが出来ていないなと感じられたのは、正月が明けたころだ。デイサービスからは、年末からキャンセルが続いているという報告を受けた。キャンセルが続くと、介護チームからも、連絡が入り始める。

「デイサービスには行ってほしいんです。それでないと認知症が進行してしまうのは確実です」

「お二人で家に籠もってしまうのは心配です。なんとかデイサービスに行くように説得していきましょう」

そんな言葉を聞き続けていたら、なんだか疑問がムクムクとわいてきてしまった。

もし二人が、デイサービスに行くことが苦痛であるなら、休ませてあげてもいいんじゃないかと思いはじめたのだ。義父に話を聞くと、「相談しようと思ってたんや」ということだった。

「みんなが一生懸命考えて、スケジュールを組んでくれたことはよくわかっている。でも、デイサービスがあると考えると、前の晩から嫌でたまらなくなる。行きたくないんや。この家で、自分のしたいことをして、ゆっくり暮らしたい。週に二回も、ほぼ一日中、デイに行くのは辛くてたまらない。母さんの面倒はわしが見る。だから、もう勘弁してくれ」

義母はすでに、デイサービスに通っていることすら、忘れがちになっている。

こんな話を聞いて、すっかり気の毒になった。私だって行きたくないと言うだろう。デイサービスが楽しくないとか、楽しいとか、そういうことではなくて、決まった日に、ほぼ終日、必ず行かねばならないとなったら、それはまるで学校じゃないか。私は学校が嫌いな子どもだったので、そう考えたらゾッとしてきた。

私が年老いて、デイサービスに行く必要がある状態になったとしても、たぶん、「行かない」と突っぱねる。子どもが何を言おうとも、私の人生に口出しするなと、たぶん、言う。よかれと思ってやってくれるのはありがたいけど、重い、強引、ほっといて！と大声で文句を言って騒ぐだろう。デイサービスで働く職員のみなさんには、日々、感謝ばかりだ。ただし、自分が行くとなると話は違ってくる。

「それは考え直されたほうがいいです！」と一生懸命言ってくれるケアマネさんや看護師さんに頼みこんで、デイサービスを変えてもらうことにした。午前から午後まで時間を取られるタイプのサービスではなく、一日数時間、運動をメインに時間を過ごせる場所はどうだろう。それも、週一回だけ。もしそれも嫌なら、数か月、休ませてあげたらいいじゃないか。「休みはじめたら、二度と通えなくなります」……たぶんそうかもしれない。でも、その時はまた次の一手を考えていいですか？

それはやめたほうがいいと言われれば言われるほど、「それじゃあ二人の気持ちはどうなんですか？」という疑問がわいてくる。二人にはまだ心がありますよ。苦しいのなら、楽にしてあげればいいじゃないですか。そこで何か起きたとしても、それは二人の人生なのではないでしょうか……精一杯支援して下さる介護チームのみなさんに、こんなことは決して言えないけれど、でもやはり、私は今の状況は両親にとって息苦しく、辛いものだと思うので、辛いことは全部、やーめた！　と思う年始なのだった（仕事はやめない）。

2．少しずつ、でも確実に変わりゆく日々

ケアマネさんの新たな提案

デイサービスが苦痛だと義父に訴えられ、苦肉の策で正月明けからお休みして、しばらく経過した。しっかり休んで自宅での自由時間を満喫した義父は、再びチャレンジする気持ちを取り戻してくれたらしい。「わしもお母さんも、もう一度デイサービスに通うことにする」と電話をくれて、私は喜んだ。

人に会わない日々も楽しかったが、なんとなく寂しいのだそうだ。デイサービスに行けば食事も提供されるし運動もできるけれど、家にいればすべて自分でやらなければならない。自由時間が欲しいとやめたはいいけれど、義母と連日顔を突き合わせて暮らすのも、正直とても疲れるのだそうだ。なるほどね、わかる気もする。認知症の人と暮らす苦労は、暮らした人でないとわからない。私なんて、義母と一時間付き合うだけで、どっと疲れる……というわけで、私とケアマネさんは次の一手を放つことにした。義父

と義母を別々のデイサービスに送り込むという作戦だった。

義父は短時間で家に戻るプログラムに、義母は終日デイサービスで過ごすプログラムに。こう提案してくれたのはケアマネさんだった。

「そうすることで、お母様は引き続き支援を受けられますし、お父様には自由時間ができますしね!」

なるほど! 名案だと思った。さすが百戦錬磨のケアマネ様である。義父は週一回、義母は週二回。義母が単独で行く日を作ることで、義父には自由時間が与えられる。でも、義母がすんなりそれに従うだろうか。なにせ、認知症の義母は猜疑心が強い。義父が少し外出するだけで、どこに誰と行ったのだと怒るぐらいだ。そんな義母が、ねえ……。

不安そうにする私に、「デイサービスがある日に看護師さんにお母様の送り出しをしてもらいましょう」とケアマネ様は言ったのだった。

「ほら、お気に入りのM君に朝来てもらって、送り出してもらうんですよ!」

なるほどね、確かに服薬管理をしてくれている訪問看護師のM君のことを義母は大変気に入っている。ついでに私もM君のことは信頼している。なにせ、優秀なのだ。何かあるとすぐにメールで連絡をくれる彼の律儀なところも、とても助かっている。

「やってみますか……」と不安げに答えた私に、「やってみましょう！」とケアマネさんは自信ありげに言った。

虫の知らせ

そして……別々のデイサービスに通いはじめて一か月が経過した義父と義母である。当初予想していた義母の強い抵抗はなく、びっくりするほどすんなりと環境の変化に慣れてくれた。終日、単独でデイサービスに通うという不可能に近いチャレンジを、すんなりやり遂げてくれているのだ。

義父はと言えば、私の顔を見るたびにとめどなく出ていた愚痴がぴたりと止んだ。認知症が原因の義母の強い猜疑心に連日苦しめられていた義父は、義母がデイサービスに単独で行っている間の自由時間を、思う存分エンジョイしているようだった。「今日は昼寝がはかどったな〜」とか、「今日は楽しかったなあ〜」とか、上機嫌なのである。

そんな義父の言葉を聞いて、なんとなくイラッとする気持ちを抑え、それはよかったねと言えた自分も、成長したものである。しかしそれにしても、今まで大いに尽くしてくれた妻がデイサービスに行ってくれてうれしいってのもなぁ……いやいや、認知症の人と常に一緒にいるというストレスも大変だろうしな……いやしかしですよ、今まで連れ添った妻がこのような状況に……（以下、延々と続く）。

最初は本当に無邪気に義母の変化を、義父の自由時間を喜んでいた。しかし、だ。何か少し落ち着かない気持ちだった。不気味な予感というべきか、虫の知らせというべきか、どうにもそわそわするのだ。あの義母が突然、ここまで素直にデイサービスに通いはじめるなんて、おかしいのでは⁉ そう思って胸騒ぎがした。そんなに簡単にすべてうまくいくわけがないでしょ。なにせ、ハプニングの神様に溺愛されている村井家ですよ？

介護が次のフェーズに

義母は、一筋縄ではいかない人だった。とても明るい性格で人情深く、社交的だが、一度言い出したら絶対に折れない人だった。つまり、私からすれば強烈な姑だったのだ。義母の友人や習い事の仲間の人たちも常に「あなた、大変よねえ〜」と笑い混じりに声をかけてくれたものだった。大変だった、確かに。

だからこそ、なのだ。いくら投薬治療の効果が出始めたとはいえ、そんなにすんなり私やケアマネさんの思惑通りにデイサービスに一人で行くなんておかしくないだろうか。過去の壮絶な嫁姑バトルからのトラウマか、私はどんどん不安になっていった。そして、不安な時はいつもそうするように、注意深く観察することにした。何か見落としはないか。気づいていないことはないか。徐々に状況を理解していった私は確信した。義母の認知症は確実に進行している。

そう気がつくと、腑に落ちることはたくさんあった。義母が穏やか過ぎるように私には思えること、いつもの溌剌とした笑顔がないこと、常に不安そうで、取り残されてしまった迷子のような表情をしていること。冷蔵庫の中身がときおり不自然だ（そこにあるべきではないものが入っている）。義母は徐々に、しかし確実に変わっていっているのだ。

本当にわずかな変化が積み重なって、ある日を境に大きく崩れ出す。そうなるだろうとわかってはいたものの、あまりにもそのスピードが速くて悲しくなってきた。必死に追いかけても、追いつかない。全力で立ち向かっても、強い力で押し戻されてしまう。大人しくデイサービスに通う義母を見ればなぜだか心が痛み、なんとかしてあげなくてはという気持ちが強くなってきている。これはもう、シスターフッドと呼んでいい。

ケアマネさんとも相談して、とりあえずは今のままで様子を見ていくこと、楽しんでデイサービスに通えているうちは通ってもらうこと、必要になってきたら一泊でのショートステイも考えていくことを確認しあった。

「ショートステイ」とは、宿泊を伴う介護サービスのこと。介護する家族が、一時的に介護ができない状態になったり、サービス利用者の病状に合わせて、短期的な入所ができるサービスのことを言う。

村井家の場合、義母のショートステイの利用をケアマネから何度か勧められてきた。最初に勧められたのは、義母の嫉妬妄想が強くなり、義父にストレスがかかったときだ。次に勧められたのは、義父が貧血で倒れたときだった。結局、私たちも、義父も、義母のショートステイ利用を決断することができなかった。勧めたケアマネも、「実はちょっと私も自信がなくて……」と言っていた。理由は、義母の「激しさ」で、ショートステイなどに一時的にも預けたら、施設内で大暴れするのではないかという心配があったからだ。

「ショートステイ」の利用を真剣に検討しなければならないということは、介護も次のフェーズに入ってきたのかなと思う。私が夫の実家から自分の家に戻るとき、不安そうな顔で見送ってくれる義母が悲しい。昔はあれだけ強烈な人だったのにと思うと、寂しい気持ちにもなるけれど、変わった義母を受け入れるのも、私の役割なのだろうと納得して進むしかないのだ。

3．「お客さん」になった義母——加速する認知症

驚くほど穏やかになった義母

二〇二二年の年明けから数か月は息子たちの高校受験や中学卒業、そして高校入学、入学後オリエンテーションなどが重なった。スケジュール管理が苦手な私にとってはまさに地獄の日々だった。そしてもちろん、義理の両親の介護は同時進行だ。息子たちの入学準備でバタバタしているその渦中に、デイサービスとの調整が襲ってくる。そのうえ、確定申告まであった。夫は仕事が多忙過ぎて、家に戻ってもため息ばかりついていた。ため息をつきたいのはこっちだが、こうなったら仕方がないと私はいつものようにフル回転して、目の前の仕事を処理する日々だった。

そしてすべてが終わり、ようやく自分の時間を取り戻しつつある最近になってふと気づいてみれば、認知症の義母がびっくりするほど穏やかになっていた。

認知症発覚からそろそろ三年になるが、それまでの義母と言えば、「関西ナンバーワ

ンのきつい姑」、「地獄のお母様」と噂になるほどの人だった。明るく、何ごとにも前向きで、働き者の完璧な主婦だったし、自分の好きなことには一直線の人だった。精力的に外出し、友人も多く、社交的。本を読み、音楽を聴き、映画を観ては人生を謳歌していたように思う。

町内会でもボス的存在で、三丁目のAさんが定年退職したらしいとか、五丁目のHさんはご両親と同居するため引っ越したなど、情報のすべてを掌握していた。その一方で、息子夫婦（私と夫）の生活や、孫たちの教育に関して私に意見を言うことを躊躇しなかった。つまり、とてもパワフルな人だったし、それだけに私にとってはやっかいな姑という一面もあったのだ。

とにかく、彼女は個性が強く、意志が強く、言葉が強かった。おまけに身体も頑丈だった。それはいいことなのだけれど、こっちは体力があまりない。双子の世話、自分の病気……書き出したらきりがない。だから、彼女が勢いよくわが家にやってきたりすると、私はとことん削られ、本当に、本当に……。

加速する認知症

そんな義母が数年かけて徐々にバランスを失い、今日の穏やかな義母になった。それは喜ばしいことではないですか、人間、年をとると穏やかになるものなんですよ……と、慰めるような感じで言って頂くことがあるのだが、義母の認知症の進行状況を間近に見てきた私には、そうは思えない。服用している薬の効果を否定するわけではないが、絶対におかしい。義母の今の穏やかさは、人間が円くなったからではない。彼女はたぶん、自分の周りの状況をあまり把握できていない。つまり、彼女は今、自分の家にいるにもかかわらず、お客さんのような状況になっているのだ。

なぜそう思うのかというと、つい最近まで感情を爆発させることが多かった義母が、最近はにこにこと笑顔を振りまき、大人しくしているのだ。遠慮している。これは、本当にあり得ない。あの強烈な毒はどこに行ったというのだ。周囲を圧倒するほどの義母ビームが一ミリも出ていないではないか。あれだけ抵抗していたデイサービスも、文句ひとつ言わずに、素直に行くようになった。ここまでくると不気味である。

素直になってくれた、穏やかになってくれた、それだけだったらまだわかる。あれだけ働き者で、家のなかのことは何もかもきちんとやってのけた義母が、ダイニングテーブルを前にちょこんと座っているだけなのだ。お客さんか。いや、お客さんでいいのだけれど、うーむ……。本当に悲しいことだが、また少し、認知症が進行したのかもしれないと私は考えている。

これればかりは仕方がないことだけれど、認知症というのは、一旦加速すると、どこまでも速いスピードで進行する病だなと思わずにはいられない。彼女はまるでふわふわ空中を漂う風船みたいだ。必死に手を伸ばしても、なかなか捕まえることができず、あっという間に青空に向かってふわりと飛んでいってしまう。ちょっと待って〜！ と言ってしまいそうになる。

九十歳目前で自立する義父

しかし、こんな悲しい状況ではあるが、希望もある。今まで半世紀以上も義母にすべて頼り切りだった義父が、九十歳間近にして自立したのである。

信じられないかもしれないが、義父は掃除、炊事、洗濯など、ヘルパーさんの力を借りつつも、すべて自分で行うようになったのだ。自分のためにやっているのではない。彼はそれを、義母のため、そして私のためにやっている。もしかしたら、八割ぐらい、私に迷惑をかけまいと必死でやっているのかもしれない。

長い間、なぜ義母は普通に暮らせなくなったのかと、文句とも、怒りともつかない口調で言い続けた義父の口から、そのような言葉は一切出なくなった。義母に何を言われても、穏やかに、頷くことが出来るようになった。ただのお爺ちゃんだった義父は、確かに今、スーパーお爺ちゃんに成長しつつある。義母のデイサービスの日、彼女の着替えや薬を準備し、バッグに詰めている義父の後ろ姿を見て、私は感動した。人間は九十歳になっても変わることができるのだ。そのままがんばってくれ！

義母が認知症になってしまったのは悲しいことだし、義父にとっては、これまでの長い結婚生活がすべて壊されたかのようなショックでもあっただろう。しかし、時間をかけて徐々にそれを受け入れ、自分を変えた義父を私は尊敬している。私に迷惑をかけないように、義母が苦労しないように、九十歳の老体に鞭打つように必死に家事をする義父を見ていると、本当の優しさを教えてもらったような気持ちになる。

4．あの真面目そうな青年が

後期高齢者介護のスタートは、介護従事者との出会いのはじまりでもある。ほとんどの人が素晴らしい人格者だが、中にはちょっと困った人もいるわけで……。

頼りにしていた看護師さん

事件勃発である。

どれだけ事件勃発するんだよと言われそうだが、実際に勃発である。

本書でも何度か書いてきたことではあるけれど、義母の認知症の症状には嫉妬妄想というものがある。実際に義父の浮気を疑うものというよりは（なにせ化石のような八十九歳）、義父に女性が近づくのを強く警戒するといった状態だ。愛だの恋だのといったものからは遠い感情だと思う。

そんなこともあって、わが家の介護メンバーは、可能な限り男性に参加してもらうようにお願いしている。お願いしているといっても、もちろんすべてケアマネの提案、そしてコーディネートで成り立っているわけだが、介護業界には男性がとても少ないため、スーパー優秀なケアマネ様でもなかなか見つけることが出来ないというのが現状である。

しかし、そんな村井家に彗星の如く現れた男性看護師がいた。名前はM君だ。大学生のように若くハキハキとした好青年で、義父母もすぐに打ち解けた。きっと、彼の働く姿と孫の姿を重ねていたのだろう。義父は世話をしてもらうたびに、すまないのう、悪いのう……と半泣きで言うし、義母はM君が家にやってくると、あら、また来てくれたのね、ありがとうと明るく言うようになった。

M君に訪問看護をお願いすることになったのは、義母と義父が別々のデイサービスに通うようになったことが理由だった。義母と過ごす時間が長い義父がストレスに耐えきれず、私とケアマネの判断で、義父に自由時間（という名のリハビリ）を与えることになったのだ。そこで、義父と義母がまったく別のデイサービスに行くことで、なんとか義父の負担を軽くしようとした。まさに苦肉の策だ。

しかし問題がひとつだけあって、それはデイサービスのスタート時間の違いだった。義父のデイサービスは家から遠方にあるうえ、開始時間も早いため、迎えの車の到着も早い。義母のデイサービスは、何かあった時のことを考慮して、家から近い場所でお願いしていたが、開始時間が義父のデイサービスより三十分遅いのだ。そのため、義父が出てしまえば義母は一人だ。つまり空白の時間ができるのだ。

私もケアマネも、義母が一人きりになるこの空白の時間が心配だった。出ようと思えばすぐに家を出ることは可能だろう。足腰は強い。義父がデイサービスに出発したことを忘れ、万が一探しに出てしまったらどうなるだろう。最近の義母は、回覧板を隣の家に持って行くと、家に戻ることは難しい状態だ。

「それはまずいですね」と私は言った。

「やっぱり看護師さんに来てもらいましょうか」とケアマネ様が提案してくれた。

そこで登場したのがM君だったというわけだ。

M君は八面六臂の大活躍だった。薬を嫌がる義母にしっかりと薬を飲ませてくれたのも彼だし、大量の薬を完璧に管理してくれたのも彼だ。義父の顔を蒸しタオルで拭いてくれたときには、そんなことまでをこんな青年にと心が痛んで倒れそうになった。

義父は週一回、義母は週二回、それぞれデイサービスに出かける準備を手伝ってくれ、薬の管理をしてくれ、血圧を測り、ついでに世間話をしてくれる彼を本当に気に入っていたと思う。私も安心してお任せしていた。

……しかし、だ（勃発）。

どっと疲れが……

先日、ケアマネから突然電話が入った。私はその前の週からの過労がたたって体調が悪く、寝込んでいた。

「あの～、Mさんのことなんですけど、ご両親から何かお聞きになってます？」とケアマネが言った。

「いえ、特に何も聞いてないですが、週二で入ってくれてますよね？」

「はい、入っているはずなんです。はずなんですが……」

ケアマネの話はこうだ。

週二回、朝早く義父母の家にやってきて、義父がデイサービスへと向かったあとの、空白の時間を埋めてくれるはずのM君が、なんと家に来ていないことがあったというのだ。それも、数回あったという。私はびっくりしてしまった。というのも、M君は時折私にメッセージをくれ、勤務状況を報告してくれていた。

「ええと、それは急用とか、そういうわけではないんですか？」

「デイサービス曰く、お義母さんが一人で待っていることが何度かあったということなんです」

あら〜である。あのM君が。あの真面目そうな青年のM君が……と言うと、ケアマネは、「まあ、あたしらの年代って、若い人たちに甘くなってしまいがちじゃないですか。こんな大変な仕事だから、よけいに！」。

「そうですよね〜。確かに、私なんて息子の年齢とそう変わらないもんだから、なんていうかなあ、甘くなっちゃったかもしれないなあ……」と言いつつ、若者に対してついガードが甘くなる点ではオレオレ詐欺と一緒なのかと思って、ちょっと悲しくなった。「どうしましょう」というケアマネに、「そうですねえ……」としばらく考え、「なにかあってからでは遅いので、契約を終了させて頂いて、次の方を探して下さいませんか？」と頼んだ。ケアマネも賛成してくれた。なんだかどっと疲れた……。

すぐに義父に電話して、「お父さん、M君なんですけど、なにかおかしいことありました？」と聞くと、最初はなんとなく言いにくそうにしつつも、「うん……まあ、確かにちょっとな。今度本人には言おうと思ってたところやった」と言う。義父もM君の勤務態度の変化にはすでに気づいていたのだ。

「どうしますか？　契約解除ということにします？」と聞くと、義父は「これからの子やから、厳しくしないでやってくれ」と言う。だから、「でもケアマネさんは、これからの若い子だからこそ、間違いは指摘してあげたほうがいいと言ってましたよ」と伝えると、義父は納得してくれた。

ということで、ケアマネの怒濤の仕事で、次の看護師さんは四十五歳男性と決定した。その顔合わせと契約が行われる日が決定し、面倒くさいけど行くか〜と思っていた日の夜のことだ。突然、強烈な寒気と震えがやってきた。奥歯がガチガチと鳴り始め、直後にいきなりの高熱で体が動かなくなった。

そして私は、私は……。

5．「もうこんな生き方やめます」宣言

突然の発熱

義父母の介護で頼りにしていた若き看護師が去り、新たな看護師さんと顔合わせをするタイミングで、私はＰＣＲ検査を受けることになった。なぜＰＣＲなのかというと、突然原因不明の高熱が出たからだ。高熱が出た翌日に病院に行くまでにはすっかり平熱に戻っていたが、二〇二二年当時、一週間以内に高熱が出たらすんなり病院内に入ることはできなかった。私も受付で発熱外来のプレハブに向かうよう言われ、そこでまずはＰＣＲ検査と診察を受けることになったのだ。

検査の前に問診があった。防護服に身を包んだ女性医師は、疲れ切った表情だった。そりゃそうだよね、暑いしね……と思いつつ、プレハブ内に入った。彼女は、その疲れ切った表情を隠すでもなく、「あ、そこです」と椅子を指した。そして、パソコンに向かい、私のカルテを読み始めた。普段から通っている病院だから、ここ数年の病歴はお

ろか、子どもの時からの手術歴などすべてがずらっと記入されている。読み始め、ぐっと集中し、徐々にモニタに顔を近づける防護服の医師。背中から気合いのようなものが感じられた。なんとなく、笑いがこみ上げてしまう私。フッフッフッ……なかなかどうしてすごい病歴でしょうと愉快な気分だ。

しばらくカルテを読んだ医師は、くるりと振り返った。少し前とはまったく違う表情だった。まるで「いままでごくろうさまです」と言わんばかりだった。そして、「いろいろと大変でしたね。四年前は手術もなさっている。そして今回、突然の高熱、倦怠感、そして背中の痛みということですが、十年前に腎盂《じんう》腎炎《じんえん》をされてますね？　当時は過労だったそうですけれども、今回もそんな覚えはありますか？」と言った。

ヒーッ、腎盂腎炎！　そういえば、双子の子育てに息も絶え絶えだった十年前、ひどい腎盂腎炎に罹ったことがあった。そんなことは、すっかり忘れていた。そして今回も、症状はほぼ同じではないか。それも過労だって。細菌に対する抵抗力が低くなっていた可能性があるんですって。ちょっと待って、私はまたそんなことで体調を崩してしまったのか？　そんな最低なことある？

「そうですね。確かに過労気味です。もう、色々あって」と答えると、医師は優しい表情で「発熱があったということでPCR検査を受けて頂いて、結果が出てから、腎盂腎炎の疑いということで内科を受診して頂きます。少しお待ちください」と言った。その後、看護師さんがやってきて、鼻に綿棒を挿された。後頭部に貫通するのではと思うほどに挿された。結果は陰性で、すぐに内科を受診することができた。

どんだけ人生厳しいんだよ

血液検査の結果を見ながら内科の医師が、「どうします？　ご希望があれば入院できますよ。CRP（炎症や感染症を調べる検査）の数値がとても高いです。普通だったらぐったりですよ」と言った。普通だったらぐったりは何度も言われてきた人生だった。そして、まさかまさかの入院打診だった。過労による腎盂腎炎である。心臓病で死にかけた経験を持つ私が今度は腎盂腎炎だって。それも過労だって。泣くわ。どんだけ人生が厳しいんだよ。もう嫌だ。本当に嫌になってしまった。いい加減にしようよと思った。

「入院ですか。それはちょっと困るな」と私は狼狽《うろた》えて言った。

「そうですよね。拝見するとそこまで状態は悪くないですから、とりあえず、お薬を処方しましょうか。明日になって熱が上がったら、必ず受診してください」と言われ、呆然としつつ待合室に戻った。医師曰く、もうひとつの血液検査の結果次第では入院になるので、熱が上がったときは、入院の支度をして受診してくれということだった。

酷くない？　と思った。待合室で、こんな酷い話ってある？　と思った。

第三者から見れば、家事なんてしんどかったらやめればいいじゃんという話だけれど、実際にはそうそう簡単に、はいやめますとは言えない状況にある。そんな主婦は多いはずだ。そのうえ、また入院だなんて、酷過ぎる。人生ハードモード過ぎる。でも、もしかしたらまた入院記とか書けちゃうかもな？　と思う自分も嫌だった。最低だ。

しかし、さすがに反省した私は、この日から、義理の両親に関するすべての手続きや根回し、その他ケアのすべてから距離を置いている。息子たちにも、キレッキレの状態で「自分たちのことは自分たちでなんとかしなさい」と伝えた。もちろん、最低限のことはするけれども、母さんを便利な誰かみたいに考えないで欲しいと宣言した。夫にも同じことを言った。あまりにもキレているので、誰も話しかけてこない時期がしばらく続いた。

腎盂腎炎のほうは、診察後すぐに飲みはじめた抗生剤のおかげですっかり回復し、二週間程度の投薬で体調は完璧に戻った。再度診察を受け、血液検査も済ませ、それは確認している。でも、やはり私は少し腹が立っている。誰に対してというよりも、自分に対して。再び入院と言われるなんて、不注意もいいところではないか。屈辱だ。それも過労って、いい加減にしてよと思うのだ。

それに、実は私の母も私が子どものころ、腎盂腎炎で何度も入院していた。それを思い出して、「ママッ」と泣きたくなった。本当に、こんな生き方をしてはダメだ。もう、こんな生き方やめます宣言だ。

自分を犠牲にして成り立たせる介護って、正解ですか？　暗い顔をして介護をするくらいなら、その時間を使って稼いだほうがずっといい。育児も介護も、お金で問題を解決できる局面が多くある。お金で解決することに罪悪感を抱かなくてよいはずだ。

ということで、私は本格的に変わろうと思う。仕事は減らさないが（だって仕事は大好きだから）、もっと自分自身に時間を使うことにした。もっともっと楽しいことを追求しようと思う。義理の両親の介護？　それは夫ががんばるしかないね!!

6．義父が暗い

介護を受けるのが上手な人、下手な人

後期高齢者には、「介護を受けるのが上手な人」と「介護を受けるのが下手な人」がいると私は思う。わが家の場合、前者が義母、後者が義父だ。

私の勝手な基準で申し訳ないが、介護を受けるのが上手な人は、ポジティブだ。例えば失敗したとしても、次はがんばろうとか、今回は諦めようとか、あくまで明るく先を見ることが出来る人だと思う。ありがとう！　と気持ちよく言える人。そんなイメージがある。最近はもの忘れも大変多く、何かと問題を抱える義母だが、その明るさは周囲の人も楽しい気分にさせてくれる。ありがとうねという言葉を決して忘れない彼女は、ヘルパーさんの間でも人気者だと思う。

私が大変苦手とする「介護を受けるのが下手な人」の特徴は、しつこい、暗い、重いの三拍子である。義父以外の何ものでも無い。誤解しないでほしい。私は義父が悪い人

間だとも、義父のことが嫌いだとも言っていない（軽くは嫌いかもしれない）。ただ、彼に漂う陰気な雰囲気は今に始まったことではなく、私の悩みのひとつなのだ。

義母の認知症が進行してから、義母がそれまでやっていた家事を自分でやるようになったことは、大変素晴らしいと今でも思っている。

そうではあっても、ここのところ数十年、彼が周囲にまき散らす負のオーラには参ってしまう。先日、たまたま立ち寄った実家で訪問看護師さんと遭遇したときのことだ。みんなで一緒にダイニングテーブルに集まって、雑談をしたのだが、その時、義父のあまりの陰気さに、訪問看護師さんも思わず、「暗いッ！」と言っていた。その言葉通りだ。暗いッ！　重いッ！

もちろん、理解しているつもりだ。長年連れ添った妻が、あのしっかり者だった妻が、調子の悪い日には自分のことを忘れ、忘れるだけではなく真顔で「早く出て行け」などと言うのだ。つらいに決まっている。数年前に発症した脳梗塞の後遺症で、体が思うように動かない日もある。嫁の性格がきつい。息子の性格もきつい。孫はなにより大切な存在だが、最近さっぱり家に来てくれない……。

「そんなの仕方ないじゃないっすか」と私は言った。

「お義父さんはさ、なんでも暗く考えがちなんですよ。運命だと思って受け入れちゃえばいいじゃん！　お義母さんは認知症。それは病気なの。だから仕方ないことなんですよ。それに、お義父さんもお義母さんも体は健康なんだから、それ以上素晴らしいことはないじゃないですか！　陰気な顔やめてもらえません？　私の運気まで悪くなるような気がするんだよな～」

文字にしてみると大変酷いことを言っているが、こうも言いたくなる気持ち、義父に対応して下さっているヘルパーさんであればわかってくれるはずだ。とにかくマイナス思考、そして病的な心配性なのだ。そもそもこの心配性だって、義母の認知症がきっかけというわけではなく、随分昔からのことだ。

雨が降るとわが家の電話が鳴る。「雨が降っているけど、大丈夫か⁉」と半泣きのような声で言う。お前が大丈夫かと言いたい。雷が鳴れば「雷が鳴っているぞ！」と、泣きそうな声だ。電車が止まれば「電車が止まったぞ！」、台風が来れば「台風が来るぞ！」。

こんなことが続き、私がノイローゼになりそうになって、電話線をハサミで切ってしまったことがある。すると翌朝に、いきなりわが家にやってきた（当時はまだ車の運転ができた）。「死んでしまったかと思って、警察に通報するまえに確認に来た」ということだった。こんな事件が何度もある。子どもたちが小さい頃は、もっともっと酷かった。すべては書き切れないし、私の怨念が噴出しそうなのでこのあたりでやめておくけれども。

陰キャの義父と陽キャの義母

さて、そんな陰キャな義父と陽キャな義母を連れて、先日、月一度の受診に行ってきた。以前は三か月に一度の通院でよかったものの、この三年間義母を診察してくれている医師が、義母の様子を観察し、一か月おきにすることを決めた。つまり、進行してきているのだ。

私と夫で、順番に連れて行くことにしている。車でたかだか一時間の距離の病院だが、二人の後期高齢者を連れて受診することの大変さは筆舌に尽くしがたい。後部座席で琵琶湖を眺めて、「なんて美しい海なのかしら。ここはどこ?」と言っている義母はかわいいものだ。義父は車に乗った瞬間から、泣きそうな声で「こんなことをさせて、すまんなぁ……」と言いはじめる。何度も言う。

「こんな日に遭わせて、つらい……こんなことならいっそ……」

「病院に行ったからって、何が変わるでもない……」

「こんな苦労ばかりさせてしもうて……」

もう、本当に急ブレーキをかけて車から放り出したいぐらいに腹が立つのだ。反応するのも腹が立つ。堂々としていればいいじゃないか！　ありがとう、今月も迷惑かけたが、本当に助かるよ。なぜそう言えないのだ。どんどん怒りが募り、若干運転が乱暴になってきた時だった。次男からＬＩＮＥ通話が入った。ハンズフリーにしていたのですぐに応答した。

「あ、母さん？　俺やけど、帰りにマクドでダブチ（ダブルチーズバーガー）買ってきてくれへん？　もしトリチ（トリプルチーズバーガー）があったらそっちでええわ。三個……いや、四個で頼む！」

了解と応答してそそくさと通話を切ったのだが、聞きつけた義父が（こんな時はよく聞こえるのだ）、またもや泣きそうな声で「今のは誰や」と聞いた。「ああ、次男ですよ」と答えると今度は、

「ああ、可哀想に……」と言った。何が可哀想なのか、まったく理解できない。

「何が可哀想なんですか。ハンバーガー買ってきてってだけじゃないですか」

「食べるものがないいんやろ……わしらがこうやって迷惑をかけているから……」

ムキーッ、イライラするう！　高校生は二十四時間ハンバーガーを食べる生き物なんですよ。いつでも食べるんだよ、やつらは！

イライラする私にまったく気づかず、義父は追い打ちをかけるように言い出した。

「このまま真っ直ぐ家に戻ってくれ。あの子が可哀想や。お昼ご飯がないいんやから、待たせるわけにはいかん、いますぐハンバーガーを買いに行ってくれ……」

この発言にはさすがの義母も「はぁ？」と言っていた。私は二人を病院に連れて行くために仕事を休んでわざわざこんなに遠いところまで車を飛ばして来ているというのに、息子がダブルチーズバーガーを買ってきてと言ったぐらいで、なぜ病院からマクドナルドに行き先を変える必要が⁉

堪忍袋の緒が切れて「病院には行く！」と大声を出してアクセルを踏み込んだ私の勢いに圧倒されたのか、車内は静かになった。おんぼろ車のエアコンから出るピューピューという音だけが響いていた。

帰り道は運転手の私が完全無言となった車内で、義母が「今日のヘルパーさんは恐いわねえ……」と小声で言っていた。

そのヘルパーさんは私や。

夜に義母から電話があり、「今日のヘルパーさんは乱暴な人でした。あなたに報告しようと思って」と、まだ言っていた。「お父さんも、『あれだけきつかったら周りもタジタジやろ』と言ってました」ということだった。

ええ根性しとる。

7．今度は義母が重い

後期高齢者を襲う酷暑

二〇二二年の夏は酷暑だったが、このとんでもない暑さは果たして、全国の認知症患者に何らかの影響を及ぼしているのだろうか？　わが家のケースで言えば、その影響は大きい。

暑さそのものが直接義父母に与える肉体的ダメージもさることながら、暑いために外出がままならないこと、コロナ禍という特殊な事情が相まって、義父母をますます孤立した窮屈な環境に閉じ込めてしまっていた。それがどう影響し、どんな結果を導いたかというと、義母の義父に対する執着（別名：愛）が強化されてしまった。義父は一瞬たりとも自分ひとりで寛ぐことができない。義母は常に彼の横にいて何から何まで世話をしたがり、義父に近づく人間は全員敵認定するようになった。

別々のデイサービスに通うというケアマネさんの苦肉の策で義父は義母から一時的に

離れることが出来ているものの、家に戻れば、こちらもデイサービスから戻った義母に、どこに行っていたのかと詰め寄られる。毎日覚えもないことで疑われる義父はすっかり参ってしまい、涙を見せる日も増えた。義母の囲い込みスイッチは、夏が本番を迎えたあたりに完全にオンになり、傍目に見ても気の毒な状況になっていた。

正午の気温が三十五度を超えたとある暑い日、電話に出ない義父母が心配になり、車に飛び乗って様子を見に行った。珍しくガレージのドアも施錠してあり、家のなかに人の気配が感じられなかった。玄関まで行ってどんどんとしつこくドアを叩いても反応がなく、呼び鈴を押しても誰も出てこない。ケータイを取り出して電話を鳴らしてみたが、誰も出ない。まさに難攻不落の状況だ。

どうしよう、何か様子がおかしい。どこか鍵が開いていないかと、裏口に回り窓をチェックしたが、戸締まりは完璧な義母がミスを犯すわけがない。そういう点は本当にしっかりしている。そして、私は合鍵を持っていない。合鍵で開けてしまえばそれが最後、義母との信頼関係が崩れることは想像に難くない。

その日は午前中にヘルパーさんが来ていたはずなので、ヘルパーステーションに電話をして午前の様子を確認してみようと思い立ち、ケータイを持ったところで、家のなかに人影が見えた。義母だった。こちらを窺っている。疑うような、鋭い目つきであることはすぐにわかった。今日は何か起きているぞ！

「お義母さん！　開けてくださいよ、私ですよ、私」と言うが、義母はじっとこちらを見つめるだけで、私だと気づいていない様子だ。仕方ないので、大きな声で「お義母さん、いないのかな～、どうしちゃったのかな～」とわざとらしく言い、義母が私に気づくのを待った。全身汗だくになり、もう諦めようかと思ったそのときだ。義母がようやくカチャリと鍵を開けてくれた。開けてくれたが無表情だった。ウェルカムな雰囲気はゼロだ。しかし、そんなことで怯む私ではない。

怯む私ではないはずだったが、家に入った瞬間に襲ってきた熱気には、さすがに驚いてしまった。こんなに暑い空間にいたら、後期高齢者はあっという間に熱中症になってしまう。お義母さん、クーラー！　と言いつつ、急いでリビングに行き、リモコンを探す。電気もテレビもエアコンも切られたリビングは蒸し暑く、真っ暗だった。

慌ててエアコンの電源を入れる。しかし設定温度が三十度になっている。設定温度を下げるボタンを高速連打しつつ、義父を探すも姿が見えない。義母をちらっと見ると、ぼんやりとしていた。状況が把握できず、きっと私のことも誰かはわかっていないはず。

もしかして、泥棒だと思われていないだろうかと不安になった。怖い。何が起きているのか。

「エアコン、つけてたのに……」と言う義母に、「お義父さんはどこですか⁉」と聞くと、「さあ、どこやろ……」と、不安そうに答えた。ヤダ、ちょっと待って、まさか⁉

このままでは潰れてしまう

私、なんでこんなタイミングで来ちゃったんだろうと焦った。それほどまでに、実家の内部は異様な雰囲気に包まれていた。微かに漂う生ごみの悪臭と、トイレの芳香剤の匂い。肌に張り付くような熱気、古い冷蔵庫から聞こえる低いモーター音。私の横にぼんやり立つ義母はほとんど無表情で、何を聞いても反応が薄いのだ。息を吸うのも大変なほど暑い空間だというのに、背筋がゾッとして、冷や汗が出た。

寝室の方を見ると、ドアが少しだけ開いている。その隙間の向こうは真っ暗だった。ぼんやりと、義父のベッドが見えた。義父は寝ているのか、それとも……？　神様おねがい、第一発見者だけは勘弁してくれと祈りつつ、ゆっくりと寝室へ向かった。

静かにドアを開けると、カーテンを閉め切った寝室は暗く、そして蒸し暑かった。エアコンは切られていたが、若干、冷気が残っていた。たぶん、切ってからそう長くは経過していなかっただろう。恐る恐る、義父のベッドの上を見ると、義父は確かにそこに寝ていた。しかし、義父の上には何枚も何枚も掛け布団がかけられていた。

真っ先に連想したのは、おが屑に覆われたカブトムシの幼虫だ。うわあぁ……とい う、声にならない声を出してしまった。急いで布団を引っ剝がして、義父を揺り起こした。汗をかいて苦しそうにしていた義父ははっと目覚め、私の顔を見て驚き、状況を把握したようだった。

義母はいつの間にか、汗だくで驚愕している義父の横にちょこんと座って、団扇《うちわ》で義父を扇ぎはじめた。「この人、寒がりだから……」と言う義母を、私も、そして義父も口を開けて見つめるしかなかった。お義父さん、エアコンのリモコンは隠したほうがいいかもしれないね、それに冬用の布団もどこかに隠してしまおうと言うと、義父は静かに頷いていた。

この日以降、義母の義父に対する強いこだわりはエスカレートしていった。寝ていればひっきりなしに額に濡れタオルを置かれる（それも複数枚）義父は、眠れないと訴える。どこからかレシートを集めてきて、一枚一枚、どこに、誰と買い物に行ったのかと問い詰める義母に、もう耐えることが出来ないと肩を落とす。義父を病院に連れて行けば、なぜ私も行けないのかと義母は悲しそうに電話をしてくる。嫉妬妄想と一口に言っても、このようにパターンは様々なのだ。

とても大事なもの、家族を、どうしても守りたい。そんな義母の気持ちは痛いほどわかる。でも、この状態では義父が潰れてしまう。ケアマネさんと話合いの末、義母のデイサービスを増やし、義父に自由時間をより多く与えられるようにした。義父を守るために、義母をデイサービスに預かってもらう。それが正しいのかどうか、私にはわからない。ただ、こんな未来が来るとは、一年前の私はこれっぽっちも予想してはいなかったことは確かだ。

8．介護サービスを拒絶する義父

限界を迎えた義父

夏休みが終わり、息子たちの新学期が始まった。暑く、長く、楽しい夏を経験した二人は、特に大きな問題もなく、それぞれが高校生活を楽しんでいる様子だ。しかし、私は今、いまだかつて無いピンチに見舞われている。義理の両親がとんでもないことになっているのだ。それはある日突然始まった。

今まで週二回、デイサービスに通っていた義母が連日デイサービスに通うようになって、数日経過したときのことだった。ケアマネさんに渡さなければならない資料を取りに夫の実家に立ち寄ると、義父が真っ暗なリビングの椅子に一人、座っていた。それも、ものすごい形相で。何ごとかと思ったら、めちゃくちゃ怒っているのだ。

「またデイの人が来たんや」と、結構な剣幕だった。デイの人が毎日来るようになったのは、義母の義父に対する執着が強くなったこと、そして義父本人からの「もう無理だ」という訴えによるものだった。義父と義母を、日中数時間であっても引き離さないと、双方、倒れてしまうと判断したのだ。

「お義父さん、今週からお義母さんのデイサービスは毎日に決まったの、覚えてはります?」と聞くと、義父は黙ってはいたが、不満そうだった。何か言いたげだし、表情が険しい。毎日大変過ぎるってことだから、デイサービスの予定を変更したってのに、なに怒ってんだよ、このじいさんは!

ここ数か月の義父の気分の落ち込みは深刻なものだった。義母の認知症の進行スピードが速く、義父はその変化を理解はしても、受け入れがたくなっていた。在宅中、義母は朝早くからひっきりなしに動きまわる。かなり多動な状態だ。目についたものすべてが義父の浮気の証拠だと思い込み、義父を責め(嫉妬妄想)、紙くずから衣類に至るまで自室に集めては山のように積み上げている(物盗られ妄想)。記憶力は限定され、同じ言い回しも大変多い。私自身は慣れてきたとはいえ、義父にとっては朝から晩まで、その同じストーリーの繰り返しに耐えることになる。

義母も辛いだろうが、義父もとても辛い様子だった。特に義父が気に病んでいたのは、義母が彼の容姿について言及することだった。「うちのじいさんは頭がまっ白でしわだらけ、通ってくれている看護師さん（男性）はとてもスマートでかっこいいのに、この人ときたら」と、義母が直球ストレートな感じで義父に言うのを、私も何度か目撃したことがある。ターゲットは義父だけではなく、その豪速球は当然私にも投げられるが、義父に比べたら幾分遠慮がある。

私の認識が甘かったと言えばそれまでなのだが、義父が義母のそんな発言に傷ついているとはこれっぽっちも予想していなかった。相手は病気なのだから、言わせておけばいい。それにもうすぐ九十歳、そんな小さなことでクヨクヨするほど未熟でもなかろう。なんなら半分仏様のようなものではないか？　そう勝手に思ってしまっていたのだが、義父は私が予想していたよりもずっと繊細だった。これが後々大事件に発展するとは思っていなかった。

「わしのことはどうでもいいんか？」

義父は義母に何か言われるたびに私に電話をかけてきた。「わしを年寄りだと言うんや」と打ち明けられれば、「まあ、普通に考えればそうですよね」とか、「わしの顔をしわだらけだと言うんや」と泣かれれば、「しわは積んだ徳の数だから!!」などと適当過ぎる答えを返していた。

そしてとうとう義父は「もう無理や」と言った。涙を見せるようにもなった。「助けてくれ」と言って、すがるような目で夫に頼んでいた。

義母が月曜日から金曜日まで、連日デイサービスに通うことになったのは、こういった背景があった。この決定に辿りつくまで、病院との折衝やケアマネさんとの話合いなど、決して平坦な道のりではなかった。義父も納得していたはずだったのだが……。実際に義母がデイサービスに通い始めると、義父は突如として怒りの矛先をデイサービスの職員さんに向け始めた。

「あの人たちは商売だから、うまいことを言ってあいつを無理矢理連れて行ったんや！」と猛烈に怒っているのである。いやいや、商売とかじゃないからとなだめても、聞く耳を持たない。挙げ句の果てには「わしを一人にするつもりか。わしの気持ちを考えたことがあるのか⁉」と怒鳴るではないか。呆然である。この期に及んで、わし、なのかと落胆した。

義母を安全な場所で預かってもらうことで、義父は楽になれるはずだった。なによりそれを望んでいたのは義父だった。しかし、「こんなに毎日デイサービスに行くなんて聞いていない！」と、義父は真っ赤な顔で大声を出して言い、そして、「わしの気持ちを考えろ」である。義母のＱＯＬだって大事ではなかったのか？

「お義父さん、私、説明したでしょ？　お義父さんが辛い、助けてくれと私たちに言ってくれたから、お義母さんを預かっていただくことにしたんですよ？」と精一杯優しく答えた。

「それはそうだけど、たった一人でここにいたら頭がおかしくなってしまう。それに、あんなデイサービスなんて何が楽しいんや、なんの薬にもなりやしないし、認知症だって治ってないやないか」と繰り返した。

「わしの前では、デイなんて大嫌いだ、絶対に行かないとずっと文句を言うてるくせに、職員さんが迎えに来ると、うれしそうにほいほい出て行く。デイのほうがいいんか？　わしのことはどうでもいいんか？」

うん、どうでもいいんじゃないかな……私の中の小さな私が答えた。

「ここで一人残されるわしの気持ちを考えたこと、あるんか？」

たぶんないね……小さな私は再び答えた。

デイサービスを憎み始めた義父

楽しむ義母を想像して腹を立てるなんて、まさか。こんな展開がやってくるとは、夢にも思っていなかった。実際に義母は、デイサービスでの時間を楽しんでいた様子だった。それは、ケアマネさんからも、デイサービスの職員さんからも聞いていた。

明るく、手作業が得意な義母は、デイサービス利用者のなかでも中心的な存在で、皆から慕われているという。友達もたくさん来るし、職員さんは優しいし、自分が得意なことをたくさんやらせてもらえていることもあって、義母はやりがいを感じているらしい。

家にいて、寝てばかりいる義父のことを心配し続ける日々が楽しいだろうか？　義父の浮気に疑心暗鬼になって苦しむよりは、楽しい時間を過ごした方がいい。家にいたら飲まない薬も、デイに行けば飲ませてもらえる。髪を洗って清潔にしてもらい、食事を提供してもらい、友人たちと楽しく食べることもできている。デイの方が彼女にとっていい環境なのはわかっている。ここで義父の寂しさを考慮する必要はあるだろうか？というか、義父も一緒に行けばいいじゃないか。

「こんな生活になるとは夢にも思っていなかった。今まで一緒に苦労してきたのに、あんなわけのわからんものが大好きになって、うれしそうに通っている姿を見ると、がっくりする」と言う義父。

楽しくデイに通ったら悪いの？　一日中、暗い部屋で過ごすよりは、友人がいっぱいいて、必要とされる場所にいるほうがいいじゃない。仕事があれば素敵じゃない。笑顔があったほうがいいじゃない。仲間と楽しく過ごしたいんですよ、彼女は。認知症になってまで、誰かのために生きなければならないなんて地獄じゃないですか。

「仕事を与えられるというても、家のなかは散らかり放題で、意味がない。デイサービスはもう終わらせたほうがいい」という義父には、返す言葉が見つからなかった。

「とにかく、もう一週間だけ我慢してください」と伝えて実家を出た。少なくとも一週間はトライしてみて結果を出して欲しい。そうでなければ、スケジュールを組んでくれたケアマネさんに申し訳なさすぎる。

だが、結局義父は一週間も待てなかった。

9．夫、ついに雄叫びを上げる

デイサービスへの根拠のない怒り

デイサービスへの準備と送り出しを担当してくれているヘルパーさんによると、毎朝「デイって何ですか?」と義母は確認するらしいが、顔なじみの職員さんが来てくれると、本当にうれしそうに支度をして出て行くということだった。朝起きたら職員さんが迎えに来てくれて、楽しい場所に行き、終わりの時間になれば車で家まで戻してくれる、ちょっとしたアトラクションのような認識のはずだ。

義父の様子を尋ねると、少し言いにくそうに「ご機嫌が悪いときがありますし、口げんかをされているときもありますね……」と教えてくれた。

それでも、これまで長い間、週に二回通ってもらうだけでも四苦八苦していたというのに、素直に迎えの車に乗って行ってくれるというのは奇跡のような話だった。それだけ義母の症状が進んだとも言えるのだろうが、本人が楽しいと感じ、人とのふれあいを重ねるなかで一日でも長く元気な暮らしをしてもらえればそれで百点満点だ。

しかし、ここで問題となったのは義父だった。彼はどうしても感情が先に立ち、義母の状況に対して怒りと悲しみばかりを募らせる。挙げ句の果てにデイサービスに対して根拠のない怒りまで抱えてしまった。いくら説明しても義母の認知症や彼女の変化を受け入れられない彼に、どうにかして理解してもらおうと、私は対話を試みた。頑として動かない石像と話しているようで苦痛だったが、ここは辛抱だとがんばった。

レビー小体型認知症

義母は先日、レビー小体型認知症だと診断されたばかりだ。

レビー小体型認知症とは、脳の中にレビー小体というタンパク質が増え、神経細胞を傷つけることが原因で発症する認知症だ。主な症状に、幻視、幻聴、パーキンソン症状（筋肉のふるえ、こわばり）などがある。

幻視、幻聴といった症状に加え、転倒が増えたこと、家事ができなくなったこと、表情が乏しくなったこと、眠った状態で動いてしまうことなどが判断材料となったと思う。もちろん、ＣＴやＭＲＩ、血液検査といった検査もすべて行われた。

私にとってレビー小体型認知症は聞き慣れない病名で、まったく知識もなかったわけだが、これまで「認知症」だと思っていた義母の正式な病名が確定したことには安堵した。はっきりとした病名が知らされたことで、次に何をすればいいのかわかりやすくなったからだ。

しかし、病名の確定よりも私たちに安堵をもたらしたのは、義母の幻聴や幻視の症状に、ちゃんとした理由があるとわかったことだ。はっきりと見えている義母と、まったく見えていない私たち（私、夫、義父）の間の溝は深くなるばかりだった。やがてその溝は義母への恐怖心へと変わっていき、私たちは徐々に追いつめられた。夫の口から初めて、「入院」という言葉が出たのは、義母の幻視や幻聴が多くなり、その原因が一切わからなかった時期だ。

介護スタッフを敵視

幻視や幻聴、物盗られ妄想といった特徴的な症状は、見事なまでに義母の現状と合致している。ある意味、とてもわかりやすい状態だと思う。義父はそういった義母の症状のひとつひとつを、認知症になって性格が悪くなったから意地悪やわがままになったのだと捉えていた。

しかし、実際のところ、すべては病がさせること。本人の意思や性格とは無関係と考えるべきなのだが、何度説明しても、私の目の前の「石像」は理解してくれない。いや、理解してはいるけれども、どうしても許すことができないことがあると私に言う。それは、義母の「若返り」だ。

ここのところ義母は、自分の年齢を忘れて昔話ばかりを繰り返すようになってきた。それも、十代から二十代あたりの青春の思い出を盛んに話す。たぶん、精神的にもそのあたりを彷徨《さまよ》っている。明るく、茶目っ気があって私はとてもいいことだと思っている。きっと彼女の人生にとって、その頃が最も輝かしく、美しい日々だったに違いない。それの何が問題なのかはわからないが、義母が気持ちを若返らせるほど、義父は怒りを募らせる。

義父の心を最も激しく揺さぶったのは、義母が四十代の男性看護師さんに好意を抱いたことだった。とはいえ、恋愛感情といったものではなく、とても素敵な方ね、次はいつ来るのかしらと言う程度の微笑《ほほえ》ましいものだったのだが、義母が「看護師さんは素敵なのに、家にいるのはじいさんだわ」とぽつりと言ったことがきっかけとなって、義父があろうことか看護師さんを敬遠しはじめたのだった。

近所の美容室（義父も義母も三十年来通っている）に行った義父が、店主の妻に「奥さん、なんかおかしいんとちゃいます？」と言われたことも大きかった。

「先週来てくれたときも、男の看護師さんがかっこいいとか、看護師さんは若くて素敵なのに、うちのじいさんときたら、よぼよぼでシワシワで嫌になってくると何度も言うんですよ。やめさせたほうがいいんちゃいます？」と、そう助言されたそうだ。

義母が一度だけ、看護師さんのいるナースステーションに、雑談の電話をしてしまったことも義父にとっては衝撃だった。義父は大変なショックを受けていた。しかし、それを病気が進行した姿と捉えるのではなく、「恥」と捉えるとは思ってもみなかった。

やがて義父は、看護師さん、ヘルパーさん、デイサービスの職員さん、そしてケアマネさんまでも敵対視するようになったようだ。

私のところにはケアマネさんから何度か連絡が入っていた。デイサービスの職員さんに対してあまり根拠のないクレームを入れられたようですと報告を受けたときは驚いた。何を勘違いしているのか理解できないが、とにかく義父に事情を確認しなくてはならない。小学生じゃあるまいし、叱りつけることはできないが、関係のない人にまで当たり散らすのは間違っているとはっきり言うべきだと思ったからだ。

夫婦で実家に急行

そう思っていた矢先、今度はデイサービスの職員さんから、直接私に連絡が入った。深刻な声で「お父様が感情のコントロールが出来ない状態で、こちらの職員に対応されましたので、今日はお母様をお預かりすることはできませんでした。『俺を一人にするつもりか！』と大きな声でおっしゃって……」ということだった。デイサービスの職員さんは、実家を追われるようにして去り、困り果てて私に連絡を入れてきたというわけだ。その深刻なトーンから、義父が大いにやらかしたことはすぐにわかった。

在宅勤務中だった夫に事情を説明した。夫は驚き、唖然としていた。「え？　あの親父が？」と言っていた。私だって驚いた。あの穏やかな義父が、一体どうしてそこまで行動をエスカレートさせたのか、この時点ではまったく理解できなかった。

私が最も理解に苦しんだのは、義父がデイサービスの職員さんに恐怖を感じさせるほど激しい対応をしたという事実だった。あのヨボヨボのじいさんの、どこにそんなパワーがあったのだろう？　それ以上に、デイサービスの職員さんに剝き出しの怒りをぶつけるほど、彼女らが何をしたというのだろう？　業務の一環として義母を迎えに夫の実家に行っただけで、俺を一人にするつもりかと怒鳴られるいわれはないのだ。

夫が「ちょっと電話してみようか？」と言ったが、私は「いや、いきなり襲撃や」と答えた。「考えるタイミングを与えたらあかん。すぐに行って状況を確認する。あんたも来い」と続け、あっという間に支度を済ませて夫の実家に二人で向かった。

到着すると、実家は静まり返っていた。中に入っていくと、急いだ様子で義母が寝室から出てきた。「いまちょうど、あなたたちの話をしていたところだったのよ……なんの話だったっけ」と言い、笑った。そして、「今日も来てくれたのね、ありがとう」と言った。服装を見ると、きれいなシャツを着ている。義母自身はデイサービスに行くつもりで支度をしていたことがわかる。化粧もしていたので、それは間違いなかった。義母は行き先がデイサービスであっても、きれいに化粧し、清潔な衣類を身につけるというスタイルを、未だ崩していない。

私も夫も緊張していた。問題の義父の姿がまったく見えないからだった。いつもであれば私たちの乗る車のブレーキ音を聞くやいなや部屋から飛び出してくる義父が、全く姿を現さない。義母は何が起きたのか一切記憶してはいないだろう。私たちがやってきたのを素直に喜び、やかんを火にかけてお茶を出そうと準備しはじめていた。私と夫は静かにリビングの椅子に座って義父の登場を待った。

少しすると、義父が寝室から出てきた。真っ青な顔をし、表情も険しい。私たちが待っていたダイニングテーブルにやって来ると、自分も座って、間もなく話しはじめた。

「あんたらが何を聞いてやってきたか知らんが、あの人らが勝手に母さんを連れて行こうとしたんや」と義父が言った瞬間、私は思わず、「それは違うやろ！」と言いそうになった。言いそうになったのだが、「それは違う」の、「そ」のあたりを言おうとしたところで、すでに夫が「ああああああああああ⁉」と怒鳴っていた。

夫、大噴火

夫は滅多に怒らないが、一旦怒ったら大変激しい。私は夫と一度も大きな喧嘩をしたことはないが、夫と義母の喧嘩は何度か見たことがある。義母、夫ともに一歩も譲らず、流血待ったなしの戦いだったが、義父vs.夫は初めての経験だった。こんなことが起きるとはと驚いた。なにせ、義父も夫も絵に描いたように穏やかな男二人なのだ。しかし、驚いたのは私だけではなかったようで、怒鳴られた義父自身も動揺し、顔が真っ赤になっていた。それでもこのとき、義父は決して譲らなかった。

「あの人らは金儲けのために勝手に母さんを連れて行ってるんや」と大声で言った。両手が震えていた。夫は「それは違う！」と、こちらも大声で答えた。

「母さんの介護が辛い、助けてくれって父さんが俺に言ったから、ケアマネさんに話をして、スケジュールの変更をしてもらったんやろ。覚えてないのか？」

夫も険しい顔つきになっていた。

そう言われた義父は、その質問自体には答えずに「夫婦というものはいつも一緒にいるものや！」と言い続けた。夫婦は片時も離れず一緒にいるものや、離れるなんて間違いだ。そう繰り返す義父を見て、私はあっけにとられた。こんなに暗いじいさんとずっと一緒にいるのは無理かもしれない。絶対無理！

夫は呆れた顔で義父を見ていた。

「父さんは、なんでこんな単純なことが理解できないんや。母さんが幸せだったらそれでいいじゃないか」

「あんな場所に行ってもいっこうに認知症は治らん。治らんのやったら行く必要はない。治るというなら証拠を見せてくれ！」

「治すのが目的じゃない。現状維持が目的なんや」

「現状維持？　そんなのどうでもいい！」

気の毒なのは義母だった。状況がまったく飲み込めず、夫と息子の口論の内容がわからず、「やめなさい……」と、力なく言うことしかできない。そのうえ、自分の目の前で認知症という言葉が飛び交っている。自分がそう言われていることは理解できる。でも、激しい口論の理由まではわからない。曖昧に笑みを浮かべる義母を見て、私は気の毒になった。今までの義母であれば、息子である夫が義父に声を荒らげた時点で、お父さんに何を言うのだと、息子の脳天に踵を落としていたはずなのである。

すべてをキャンセル

「デイの職員さんに乱暴な口のききかたをしたなんて、本当に最低や」

「そんなことどうでもいい。夫婦は毎日一緒に過ごすと決まっている。ここに一人残されるわしの気持ちをお前は想像したことがあるのか⁉」

「そんなもの想像したことないわ。お袋がちゃんと世話してもらえて、あんたも楽だったはずやろ」

「あんな場所、世話なんてしてくれるものか。下らない遊びばかりしているだけや！」

「もういい。こんな家には二度と来るか！」

「二度と来るな!! デイもヘルパーもすべてやめる」

マンガみたいな売り言葉に買い言葉である。私は子どもの頃から男性家族同士の言い合いにはなれっこなので余裕だったが、義母は青ざめていた。「帰れ！」という義父の声を背中に浴びながら、私と夫は夫の実家を出た。

帰りの車中、夫が言った。

「たぶん親父も認知症がはじまったな」

私の意見も、ほぼ同じだった。とにかく緊急事態だ。あいにく週末ではあったが、ケアマネさんに連絡を入れないといけない。きっとデイサービスからはケアマネさんに直接説明はあるだろうが、私からもこちらの状況を説明する必要があるだろう。遠慮がちにメールを送った。


いつもお世話になっております。義父がすべてのサービスをキャンセルしたいと言いはじめました。このことについてお伝えしたいことがありますので、週明けにお電話

いたします。よろしくお願いいいたします。

週明けにお電話いたしますと書いたけれど……実は週明けから東京出張が入っていた私なのだった。

ケアマネとの長い付き合い

ケアマネとのお付き合いは、在宅での介護が続く限り継続されていくとばかり思っていたが、途中で、相性が悪いとか、今後の介護生活に不安があるなどの理由で「交代」という場面があるということを最近知った。ケアマネの変更は、地域包括支援センターに再度相談すれば特に問題もなく行われるそうだ。なぜそれを知ったのかというと、村井家の介護スタート当初から義父と義母のサービスのすべてを管理してくれていたケアマネ当人から「私のことがそこまでお嫌いでしたら、どうぞ別の方を探してください」と言われたからだ。

これは私に対する言葉ではなく、彼女が義父から、強い抗議を受けてのことだった。義父は、認知症の義母が連日デイサービスに通うことになった直後、精神のバランスを失い、すべての責任はケアマネとデイサービスの職員にあると思い込み、職員が恐怖を感じるほど怒鳴り、市にクレームを入れるとケアマネを責めた。

何をやっても大きな声を出して叱られる、モニタリング（介護サービスが計画通りに行われているかどうかの確認をすること）の席で不機嫌な顔をされる……こんなことが続き、ベテランのケアマネも、ほとほと困り果ててしまった様子だった。義父の怒りの激しさに恐怖を感じた彼女は、モニタリングの場に私の同席を求めた。それほどまで、彼女にとっても、私にとっても深刻な状況だったのだ。

私は、長い間お世話になっているケアマネのHさんが好きだし、気も合うと勝手に思っていたので、「いま見捨てられたら困ってしまいます」と言って、頼みこんで残留してもらった。もちろん、義父には私と夫から、しっかりと状況説明をし、誤解を解いた。

ケアマネのHさんは、「私たちは叱られるのも仕事ですから」と納得してくれたが、そんな言葉をケアマネさんに言わせたくはない。彼女の気遣いや根回しがなければ、デイサービスやヘルパーさんとの関係を良好に保つことは難しい。プロだからとすべて丸投げにせず、連絡を密にしてコミュニケーションを取ることが大事だと、Hさんとの長きにわたる付き合いで学んだ。

今、ひとつだけ、考えていることがある。もしケアマネさんが最初から男性だったら、同じような問題（義父のデイサービス拒否、職員さんへの暴言）は起きただろうか。十中八九、起きていなかったと思う。相手が年下の女性だから怒鳴ったのだろう。「介護には男性の参加が不可欠です」とケアマネさんが言った理由がよくわかる。

10. 今を生きる義母と、過去を追う義父

まさか「ただの束縛？」

とにかくすべて夫に丸投げして東京に向かった。

夫に頼んだのは二点だ。転院を視野に入れ、わが家に近い（送迎しやすい）総合病院で予定されていた精密検査に義父を必ず連れて行くこと。そして、難しいとは思うけれど、義父と和解することだった。もうすぐ九十歳という父親と喧嘩するなんて、理由がどうであれ、正しいこととは思えない。

一方で、ケアマネさん宛てにはメールを出していた。義父が感情のバランスを失っていること、介護サービスの全てを拒否していること、少なくとも一週間はデイサービスをお休みさせてもらい、冷却期間を置き、その後、再びデイサービスのスケジュールを検討してもらいたいと書いたのだ。

東京行きの新幹線のなかで、ケアマネさんから着電した。急いでデッキまで移動して、

ここ数日の経緯を説明した。彼女も戸惑っていたようだった。ケアマネさんは私と夫の願いを聞き入れデイサービスの日程を調整してくれただけで、何も間違ったことはしていない。しかし、今度はすべてのサービスをストップして欲しいと伝えられたのだから、彼女が戸惑うのも無理はなかった。

正直言って、なにもかもが面倒になってしまった。よくよく考えてみれば、義父はいつもこうだった。私に何かを頼み、私がそれを聞き入れ準備をすると、最後の最後で、やっぱりやめたと計画をひっくり返してきた。今までに、何度もそんな場面はあった。それが今回も起きたということだけなのだが、徒労感は強かった。なにより、一番被害を被っているのは認知症の義母だというのが辛かった。

東京に到着し、駅近くのホテルにチェックインした。美しい東京の夜景を見ても、なかなか気分は晴れない。友人に連絡をしてどこかで夕食でも……と考えていたのだが、そんな気分にもなれない。仕方がないからコンビニに行っておにぎりを買って部屋に戻った私のもとに、夫から連絡が入った。義父との仲直りはすでに終わり、そのうえ、義父と二人きりで話し合いをしたという。早いな。こういう時、実の親子は修復が早いのだなと考えた。私だったらそう簡単には許さないけどな……。夫からのＬＩＮＥには、こうあった。

「看護師さんだよ。母さんが看護師さん（四十代男性）を気に入っちゃったことがすべての原因。親父がそれに腹を立てた」

えええええええ！　ホテルの部屋で思わず声が出た。私は慌てて返信した。

「ということは、夫婦はいつも一緒とかいうのは、ただの嫉妬？　束縛？　それがすべての理由？」

夫の返信はこうだった。

「うーん、束縛なのかな。とにかく、看護師さんは家に入れたくないと言っている。本当に申し訳ない」

なんだそれ、キモッ。そもそも、男性看護師さんをお願いした理由は、女性だと義母が嫉妬妄想で義父を責めてしまうからだった。そして男性看護師さんがやってきたと思ったら、義父があろうことか嫉妬なのか。看護師さんにも申し訳ないことだが、苦労して計画を立ててくれたケアマネさんにも申し訳ない。人間はいくつになってもそんなことをやってる生き物なのか。

とにかく、まずは自分の仕事を終わらせなくてはならない。老夫婦は後回しだ。私はそう考えると、LINEの画面を閉じて、YouTubeで格闘技を見はじめた。

介護計画はすべてご破算に

東京での仕事を無事終え、帰りの新幹線に飛び乗った。それにしてもじわじわと腹が立つ。夫に聞くと、義父は反省するでもなく、自分の意見が通ってむしろ上機嫌なのだそうだ。

義母はデイサービスに行けなくなった。看護師さんの出入りもキャンセル状態なので、服薬も出来なくなっているはずだった。お薬カレンダーの管理や、実際の服薬もそれまで看護師さんがほとんどすべて管理してくれていた。薬を飲むことが出来ている状態の義母は、安定していたから本当に助かっていたのだ。

当の看護師さんからは、私に何度も連絡が入っていた。穏やかだが、責任感のあるいい人だ。義父がバランスを失っていたことは報告済みだったが、まさかその理由が義母の看護師さんへの好意だとは口が裂けても言えなかった。看護師さんはとても心配してくれていた。お薬カレンダーにはお薬をセットしていますが、そのセットもあと数日で切れてしまいます。訪問させて頂いてセットしたいと思いますが、どうしましょうかと聞かれ、どう答えていいのかわからなかった。
「とりあえずの分は私がセットします。もう少しだけお時間を下さい」と、新幹線のデッキで連絡を入れた。罪悪感が押し寄せてきた。直接自宅まで戻る気になれずに、京都駅の伊勢丹の地下で時間を過ごした。長い時間をかけてケアマネさんと一緒に作り上げた介護計画を、すべてひっくり返されてしまった怒りが収まらなかった。その怒りを義父に向けることが間違いなのはわかってはいたが、それでも腹が立って仕方がなかった。義母のためと思ったことはひとつも通らず、義父のエゴだけが堂々とまかり通っている状態なのだ。

惣菜を買い込んだために重くなってしまったバッグを肩から提げ、ぐったりしながら家まで辿りついた。夫には「実家とはしばらく距離を置いたほうがいいのかもしれないね」と伝えた。夫も「賛成」と言っていた。そして、介護サービスは完全に停止してしまった。

私が持っていた九十歳のおじいさんのイメージは、なんとなくふわふわしたものだった。ぼんやりしてて、ニコニコしてて、何ごとも気にせず、優しく、穏やかなおじいちゃん。そんな印象だったし、義父もそれに近いのではと思っていた。

しかし現実はまったく違って、義父は九十にして実はギラギラの亭主関白だったのだ。その一面が、些細なことがきっかけとなって表面化した。私は面食らう以上に、思い切り引いていた。こんなに恐ろしいことがあるだろうか。まさか、八十九歳が八十二歳を束縛するとは！　もしかしたら、義母からしたら、それは幸せなことなのだろうか……？

夫に行動制限されるなんて

「え、あたしだったら嫌です、それ」

東京から戻って三日後、私はいつもの美容室にいた。私の髪のカットをここ数年来担当してくれている二十代後半の女性が、私からことの顚末を聞き、手を止めて言った。彼女には小学生の息子がいて、義理の両親と同居している。わが家の介護がスタートした直後から、彼女はほとんどすべての事情を知っている。

「いいじゃないですか、看護師さんのことを気に入ったって。なにが悪いんです？　あたし、おばあちゃんになってまでそんなことで縛られたくないな。それに、おばあちゃんは楽しんでいたんでしょ？　だったらなにが不満なんですかね？　っていうか、それっておじいちゃんのただの勝手でしょ？　大変なのはおばあちゃんの方なんですよね？　それがわかってるのに、なんで？」と、彼女は呆れるような表情で言った。

すべて彼女の言う通りだと思った。私が今の義母の状況に陥ってしまったとしたら、全力で逃げたい。八十歳を超えてまで行動を制限されるなんてまっぴらごめんだ。でも、その時、私が認知症だったとしたら？　理解できるだろうか。言いなりになるしかないのだろうか。そうだとしたら、義母を助けてあげられるのは、私と夫だけなのではないか？

「それで、どうするんですか？　サービスは全部キャンセル？」と聞く彼女に、うーん、どうしようかなあとしか答えられない私だった。

夫は、サービスの停止を随分迷っていたが、私は実は、あまり不安には思っていなかった。もちろん義母は気の毒だと思ったが、義父のやりたいようにさせるのもひとつの手だと思っていたのだ。

「本人が嫌だって言うんだから、介護サービスを完全にストップしたらいいんじゃないの？　お義母さんの面倒も自分が見るって宣言してたし、そう本人が言うんだったら、一度やってもらったらいいよ。こうなったらサービスは一切なしで行こう」と提案した。

そう言う私に夫は、「そんな、ゼロか百かみたいなこと、できないでしょ」と答えた。まあ確かに、ゼロか百かみたいなことはすべきではないけれど、めちゃくちゃやってみたい気もする。私のなかの何かが、一回やってみてもいいんじゃないかと大声で言っていた。

完全復活を果たした九十歳

ケアマネさんとは、密に連絡を取り合っていた。すべての事情を知った彼女は、「理子さん、それはまさかの坂ですねえ〜！　ドラマよりドラマですねえ〜！」と明るく言っていた。確かに、ドラマでもこんな展開はあまりないだろう。

「看護師さんに申し訳がなくて、どうしたらいいのかわからないんですよね」と言う私に、「とにかく、一週間だけサービスをお休みしてもらいましょう。それより長くなってしまうと、お義母さんに気の毒です。デイサービスも一旦行かなくなると、急に症状が進むこともありますから心配です。とにかく、お義父さんの気持ちを確かめながら、もう一度やりなおしましょう」と言ってくれた。

サービスの停止を望んだ義父は、完全復活を遂げていた。

転院先の総合病院で薬の処方が見直され、必要のない薬がカットされ、検査を経て必要だと判断された薬を服薬しはじめた義父は、あっという間に元気を取り戻した。呂律《ろれつ》が回らなかった口調も、昼過ぎまで寝ていたのも、眠気という副作用がある薬を午前中に二種も服用してきたからだった。その点が改善され、義父は昔のように精力的に庭の掃除をし、散歩に出かけ、食事を作るようになっていった。そしてなんと、義母の服薬管理までするようになったのだ。

一方で義母は、あっという間にデイサービスのことを忘れてしまった。義父がデイサービスについて批判的なことを言いはじめると、途端に困惑した表情になり、「そんなことを言われても、私は一度も行ったことがない場所だ」と答えていた。彼女なりに、それは避けなければならない話題と悟ったのだろう。

過去の妻を理想化する夫

サービスが完全に停止して一週間はそれでも生活は回っていたようだ。しかし、そのままにすることはできない。夫に頼んで義父と話し合いの場を持ってもらうことにした。これからは、義母のためだけにサービスを再開する。義母のためのサービスだから、義父には可能な限り協力をして欲しい。そして、今まで来てくれた男性看護師さんは、交代して頂くようケアマネさんに頼んだことを伝えてもらった。義父は納得したようだった。

そんなこんなで、新しい介護サービスのスケジュールが組まれて、一か月程度が経過した。義父はますます元気になり、デイサービスやヘルパーステーションから送られてくる請求書のチェックに忙しい。

薬が変わり元気になったのは良かったが、デイサービスに対する根拠のない不信感は募る一方のようだ。請求書に記された項目に間違いがないか、過剰に請求がされていないか、マーカーで線を引いて確認している。A社から来た請求書をB社の封筒に入れ、請求内容が変わった、おかしい……と首をひねったりしている。それで暇を持て余すことなく、義母を責める時間が減るのであればいいが、余計な電話などをされては困るので、書類はすべてわが家に送付という根回しをするはめになった。もう、踏んだり蹴ったりである。

それでも、義母がデイサービスに通うことが出来るようになり、私も夫も安堵している。

私がデイサービスに行きたいかどうかを尋ねると、必ず、「行きたい。だって楽しいもの」と答えていた義母。念願叶って、再び通いはじめた義母は、しっかりと薬も服用出来ているうえ、入浴のサービスを受け、清潔な状態を保つことが出来ている。とてもありがたいことだ。しかし義父は、今でも入浴のサービスだけは受けさせたくないと反対している（意味がわからない）。

私と義父の関係はぎくしゃくしたままだ。

あちらは気づいていないとは思うけれど、私は今でもしつこく義父に対しては怒りを抱えている。なぜかというと、私には義父が必死になって取り戻そうとしているものの正体がよくわかるからだ。

義父は、元気だった頃の完璧な義母を求めている。家事も、自分のサポートも、家計の管理も、すべて完璧にやり遂げていた、あの頃の義母を求めている。きれいに洗われ、干され、畳まれた下着類やパンツが欲しいだけのことだ。そして、完璧ではなくなった義母に腹を立てているのだ。しかし、義母の本来の姿が過去の完璧な主婦時代にあるとは私には到底思えない。彼女の本来の姿は、過去の多くを忘れてはいるものの、日々懸命に生きる、まさに今現在の義母のなかにある。

11. 義父の妨害工作

義父母の介護のリアル

義父による謎の介護サービス拒否活動がはじまって早数か月。後期高齢者、そして認知症患者の介護について徐々に悟りつつある私が考えたのは、育児と介護は大変よく似ているということだ。

本人のためと思い先回りして何もかも準備しすぎると、本人のためにならないばかりか、下手するとすべてがうまく立ちゆかなくなり、予想外の軋轢《あつれき》を生んでしまう。薄々わかっていたはずなのに、どうしてこうなってしまったのだろう。わが家の後期高齢者介護はバランスを崩したまま、かろうじて継続されているような状態だ。

具体的に何が失敗だったのかを考えてみると、一つ思い当たることがある。それは、私が完璧を目指し過ぎてしまったということだ。ケアマネさんと話し合い、月曜から金曜まで、びっしりと予定を組んでもらっていた。連日のデイサービス、ヘルパーさんや訪問看護師さんによる生活援助、身体介護、服薬管理など、平日は家族以外の誰かが必ず義父母に会い、会話をし、様子を確認してもらうようにしていた。

なぜそのようにしたかというと、連日、誰かが二人に会ってくれれば、「私が」彼らの様子を見に行かなくてもよくなるからである。それなりに費用はかかるが、費用がかかったとしても、「私は」自分の時間を使わなくて済む。冷たく聞こえるかもしれないが、これが実の子でない人間による介護のリアルだと思う。そのうえ、プロに任せるのがベストであることは明らかだ。

彼らにとっても、それが安全だと考えていた。様々な支援を受けることで、以前とほぼ変わらない生活を送ることができていた。実際に、数か月前までは、誰もがこれで完璧だと思える状況にまでなっていた。でも、その完璧過ぎるスケジュールが、いつしか彼らにとって（特に義父にとって）息の詰まるものになっていったようだ。完璧に埋められたスケジュールは、義父にとっては一切余白のない、気の抜けない日々の連続だったに違いない。冷静になって考えてみればわかることなのだが、私は二人が求めていないケアを押しつけてしまっていたのだろう。

「お義母さんがかわいそう……」

特に、夏以降、転院して体調が劇的に良くなった義父は、徐々に自信を取り戻していった。三年前に脳梗塞で倒れる前の、矍鑠《かくしゃく》とした義父が戻ってきたのを私も感じていた。同時に、私が大嫌いだった義父のクセまで戻ってきた。具体的に書くと、心配性なところ、しつこいところ、クレーマー気質なところ、道路工事への謎のこだわり（角栄チャイルドか？）、ネガティブな思考といった部分だ。

義父が元気を取り戻したことは、大変喜ばしいことで、これ以上の幸運はないと思う。なにせ御年九十の後期高齢者が、毎日庭の掃除をし、ウォーキングに精を出し、調理をし、認知症の妻を助けることができているのだから！　それほど幸運なことはないというのに、私もケアマネさんも、どうにもため息が止まらない。だって、義父がすべての介護サービスをキャンセルしようと躍起になっているからだ。義父はいいとしよう。ケアマネさんもそう言っていた。

「お義父さんがそう望むんだったら、もういいとしましょう。でも、お義母さんは絶対に支援が必要です。私は、その点だけは譲ることができないんです！」

ケアマネさんのおっしゃるとおりなのである。義父はいい。しかし、義母はダメだ！

ケアマネさんはため息まじりに「お会いしたばかりのころの、あの優しいお義父さんがいなくなってしまったみたいですよねえ……」と言っていた。確かに、脳梗塞で三か月入院し、退院したばかりの義父はとても穏やかで、ケアマネさんにも大変丁寧だった。ヘルパーさんの働きに感謝し、買い物支援を喜び、これでどうにか元の生活に戻ることができると希望を抱いていたはずだ。

「最初の頃はすごくうまくいっていたんですけどねえ〜。元気になったから、最初の頃の気持ちを忘れちゃったんですかねえ……」と言う私に、ケアマネさんはこう答えた。

「たぶんお義父さん、デイサービスに通ったり、ヘルパーの支援を受けたりすることで、お義母さんの認知症が治るって本気で思っていたんじゃないでしょうか。だって、私には『デイサービスに通っているのに、認知症は治らないやないか！』って、ひどく怒ってましたもん。それから、お義母さんに対する発言が、どんどんきつくなってますよ。あれじゃあ、本当にお義母さんがかわいそうです……」

確かに、その通りだ。デイサービスに通うことで認知症の進行を緩やかにすることは出来ても、治ることは基本的にないのだと何度も説明を繰り返すが、それでも義父は「治る」と信じていたふしがあった。だから彼は苛立ちを募らせたのではないか⁉　治ると信じていたのに治らないと気づいた瞬間、義父は我々全員に裏切られたと考えたのでは。だからこそ、介護サービス全体を疑い、毛嫌いするようになってしまった。そうとしか思えない。そして義母に対する態度も徐々に高圧的になってきているのは私も感じている。

あきらめモード

ケアマネさんは私に何度も、「諦めないでくださいね！」と言っていた。なんという読みの鋭いケアマネさんだ、私が八十五パーセントぐらい諦めていることがすっかりバレている。なにせ、連日、義父によるありとあらゆる妨害工作により、サービスを受けることができない状況になり、ヘルパーステーションやデイサービスから「どうしましょう……」という困惑の電話がかかってくる状況なのだ。もう、やる気ゼロ。申し訳ないが、何をしたらいいかもわからない。

「私は諦めません。お義父さんはまだしも、お義母さんには絶対に支援が必要です。私、こういうパターンは何度も経験しています。このままではお義母さんが針のむしろに座るような暮らしを強いられてしまいます。お義父さんに叱られてばかりの日常は気の毒です」

わかっちゃいるけど……と考えつつ、実家にあまり顔を出すこともなくなった私にケアマネさんが提示してくれた次の一手は「介護メンバーの一部入れ替え」だった。ケアマネさん曰く、一人のヘルパーさんが長く通うことは、メリットもデメリットもあるという。今回のケースでは、ケアマネさんはヘルパーさんの配置換えが流れを変えると読んだようだ。小学校の席替えみたいなものだろうか。私はすぐに、お任せしますと返事をした。これがいい結果を生むといいが、さてどうなるだろう。

ここのところ数週間、義母は少し混乱しているようで、夜になると電話がかかってくるようになった。固定電話が鳴ることもあるし、私の携帯に直接かけてくることも増えた。内容はいつも同じで、私が母の日にプレゼントしたシャツがとても気に入っているということだ。私は義母がお礼を言ってくれるたびに、初めて聞いたかのように対応しているが、いつも決まって受話器の向こうから義父の「もう何度も言ったやろ！」という声が聞こえてきて、心に暗雲がたれこめる。

このままではダメだ。しかし、一体これ以上何をやれるというのだろう。まったく、やるせない。

第四章　もう無理かもしれない（二〇二三年）

1．私って意地悪かな

薄れゆく情熱

二〇二三年の正月を無事迎え、めでたしめでたし……となるはずだったのだが、私の後期高齢者介護の情熱は、見事に冷え切ってしまっている。そもそも、情熱なんてものはなかった。私しかいないから、目の前に困っている人がいたら助けなくてはいけないから、必死に動いていただけのことだった。義父というよりは義母が気の毒だったから、私は行動に移したのだ。

進行の速い認知症で困りごとが多い義母との間には、不思議なシスターフッドまで生まれていた。完璧なまでの主婦だった義母が、全ての家事を諦めた。それは彼女にとって、大きな失望であり、屈辱だっただろう。そんな彼女を見ていたら、手伝わないわけにはいかなかったのだ。そりゃあもう、過去の恨みつらみは消えていないわけだけれど、そんなことを言っていられない状況だ。

正直に言えば、義父は義母のついでだった。こういった事情で三年超にも及ぶ介護生活を送ってきたわけなのだが、今、私のなかのシスターフッドまで枯渇しつつある。理由は何か。冷静に考えてみた。そして辿りついた答えは、義父だった。

私って意地悪だなとも思う。同時に、はっきり言って冗談じゃないとも思う。

何が私をそこまで苛立たせているかというと、義父の甘えである。昨年の年末、義理の両親は新型コロナウイルスに感染し、義母は軽症で済んだものの、義父は高熱を出して意識が朦朧とした。ケアマネさんに訪問看護師を派遣してもらい、発熱外来に運び込んだ。その時の義父の行動が、ずっとずっと私の心に引っかかっている。そして消えない。

高熱が出て、息も絶え絶えになった義父を見た看護師さんは、救急車を手配しようとした。しかし、当時はとにかく患者数が多く、救急車を手配してもらうことはできなかった。仕方がないので、私と訪問看護師さんで、意識が朦朧としていた義父を担いで、私の車の後部座席に運び込んだ。義父は一切体に力が入らない状態で、両足を引きずってようやく車に運び入れたのだ。しかし義父は、私たちがゼエハアいいながら彼を車に運び込んだあと、義母の身支度を整えるあいだに、自分で車を降りてスタスタと軽快に歩いていたのである。

夫は「運び込まれたときは本当に具合が悪かったんだろ。許してやってくれ」と言う。「あんたにボロカス言われる親父が可哀想になるなあ」とも言う。でも、一番可哀想なのは私と看護師さんではないだろうか。私も看護師さんも、万が一感染しても仕方がないという悲壮な思いで、脱力して意識不明らしき老人を担いで車まで必死になって運んだのだ。それなのに、一瞬目を離した隙に、軽やかな足取りで車を降りて自宅に戻り、トイレに向かっていた義父。その後ろ姿は元気そのもので、つい一分ぐらい前に息も絶え絶えの白目状態で全身の力を抜き、だらんとした両足を引きずられるようにして車に乗せられた老人と同一人物とは思えなかった。看護師さんはきゃーっ！　と叫んだ後に「歩けてるやん！」と大声で言っていたが、私は内心、「またやられた……」と思っていた。

迷惑な不死鳥

ここ数年ですっかり涙脆くなった義父は、義母との暮らしの苦労を語るとき、人目も憚らず泣くようになっていた。相手が誰であろうと、あっさり泣いてしまう。そりゃあ、お年寄りですもの、大変ですもの、泣くときもありますよ……と思う方もいるだろう。それは私も理解しているつもりだ。

義父が泣くことが問題ではないのだ。問題は、泣いた直後に（それも三秒後ぐらいに）、なにごともなかったかのように普通の状態に戻っているところなのだ。普通というか、むしろ明るい。「つらいですねえ」「大変ですねえ」と優しく声をかけてもらうなど周囲にいる人間の注目を十二分に集めたことを確認すると、義父はすっかり元気になる。両目はキラキラ輝く。完全復活を遂げ、上機嫌になる。迷惑な不死鳥だ……私の目にはそう見えた。それとも私が意地悪過ぎるだろうか。

こういう経緯もあって、私はここのところずっと疑っていたのだ。涙声の電話で「もうどうしていいかわからんのや……たすけて……」とダイイングメッセージのようなことを言われても「ＯＫでーす！」と上手にかわしていた。だって、本当は元気なんだものの。以前は、驚いて車をぶっ飛ばして夫の実家に駆けつけたものだったが、私の心配をよそに、義父は決まって上機嫌に庭を掃除していた。満面の笑みだ。拍子抜けというか、腹立たしい。こんなゲームをするために私を呼びつけてくれるなという怒りが募ったものだった。

こんなことが何回か続き、私はようやく理解した。義父は距離の近いケアを必要とする人物なのだと。義父には「大変ですね」「つらいですね」と優しく言ってくれる誰かが必要で、彼は求めればそれを与えてもらえるとまで考えている。というか、それは何かのプレイですか？

……ここで、はっと気づいた。いままで、その面倒くさい義父の気質を受け入れてくれていた義母が認知症となり、湿度の高いケアを与えられなくなったために、義父はその面倒くさい高温多湿な気質の後始末を、ケアマネさん、ヘルパーさん、訪問看護師さん、そしてあろうことか、私にまで求めているのではないか⁉︎　キャーーーッ！

逃げたくてどうしようもない

……ということで、私の足が実家から遠のいて、すでに三週間以上が経過している。逃げたくてどうしようもない。考えただけで、本当につらくなる。

義母のことはとても心配だ。新型コロナウイルスに感染し、すべての介護サービスが停止して以来、まったく外出しなくなった義母は表情が乏しくなっているし、毎日のように私にかけてきた電話もぷつりと止まっている。

それでも、大晦日には実家まで行き、二人に会った。会ったのだが、三年前に転倒して骨折し、それ以来まっすぐ伸びなくなってしまった右手の小指をアピールし続ける義父に、「もう無理」と思ってしまった。なんでもかんでもアピールだ。ごめんやけど、アピールが過ぎる。小指をアピールされても、なんと言っていいのかわからない。というか、やめてくれ。繰り返すが、指が伸びなくなって三年で、その間、伸びない小指をアピールされ続けている私の心配をして欲しい。「かまってちゃん」もいい加減にしてと言いたい。「かまってちゃん」が許されるのは動物だけだということを忘れないで下さい。

私が厳し過ぎるのか、それとも義父が大人げないのか。たぶん、両方だとは思うし、私が意地悪なだけなんだろうけれど、それでもやっぱり、私は義父の甘え体質から逃げたくて仕方がない。

2. 本当の親子と義理の両親

大好きな『ぼけますから、よろしくお願いします。』

義母が認知症になってからというもの、認知症関連の書籍やドキュメンタリーを山ほど読んだり視聴したりしてきた。そのなかで、私がいちばん好きな作品は、信友直子監督が認知症になった母・文子さんの様子と、母を支える父・良則さんの暮らしを記録した『ぼけますから、よろしくお願いします。』だ（続編の『ぼけますから、よろしくお願いします。～おかえりお母さん～』も視聴済みでこちらも素晴らしかった）。

広島県呉《くれ》市が舞台で、私がそもそも呉市の風景が好きということもあって、とにかく隅から隅まで見まくって、視聴回数はすでに十回を優に超えている。最近では良則さんのファンになり、週末にインターネット上で開催されるファンミーティングにまで参加している。「わ～、お父さん、元気そう～！　よかった～！」と、画面の前でパチパチと手を叩いたりしている。ココスの包み焼きハンバーグが大好きだというお父さんの言葉に、「おいしいですよね〜！」と納得したりしているのだ。

アルツハイマー型認知症を患った母と、その母を懸命に介護する父の姿が描かれる本作だが、私が大好きなシーンがいくつかある。

監督が四十五歳の時に乳がんを患い、抗がん剤治療で髪が抜けてしまった姿を、東京の監督の住まいで文子さんが撮影している場面だ（この時はまだ、文子さんは認知症を発症していない）。監督が笑顔で「どうなん？」と母に聞く。すると文子さんは一切躊躇することなく、「かわいい」と答える。監督は「可哀想なことない？」と、笑顔で聞き返す。すると文子さんはもう一度、「かわいい」と言うのだ。そして料理上手な文子さんが作る、呉の実家の食卓をそのまま移動させたかのような料理が映されていく。ヒラメの煮付け、カボチャの煮付け、トマト、お浸し。文子さんは笑顔で「デザートのみかんもついてます！」と言う。このさりげないやりとりや食卓の様子が、私のなかにずっと居座り続けている、両親と温かい時間を過ごしたことがあまりないという薄暗い思いにずっしりと響いてくる。

私が忘れられないシーンがもうひとつある。認知症が進んだ文子さんが、呉に帰省した監督に言う。「わからんのじゃ。どうしたんじゃろうか」

迷惑をかけると心配をし続ける母・文子さんに監督が涙ながらに答える。「私が乳がんのときも、ずっと面倒みてくれたじゃない。じゃけん、直子が何でもしてあげるけん」。バックグラウンドには、勉強家の父・良則さんが新聞を読みながらご機嫌で「タラッタラッタタ〜ン」と歌う声が入っている。涙を流した途端に笑ってしまう、それなのに心に残るシーンだ。実家って、こうだよね。両親ってこんな存在だよね。そして二人がいる空間、それこそが実家なんだよね……視聴しながら幾度となくそう思った。だから私はこの作品がどうしようもなく好きで、愛おしいのだ。だって私の人生には存在しないものだから。

「義父は私の父ではありません」

薄暗い蛍光灯、二槽式洗濯機。狭いけれど磨き上げられたキッチンと、流しに並んで置かれた二つのコップと歯ブラシ。ヒラメを煮付けるときの鍋、壁の高い位置にある給湯器のスイッチ、お父さん自慢のコーヒーメーカー。そんなすべてが信友家であり、ご両親、そして監督の家族の歴史なのだ。私はきっと、このドキュメンタリーを観ながら、自分と両親との記憶をたぐり寄せようとしている。あまりに希薄で、そして短かった二人との時間を。だからこんなにも隅々まで観て感激してしまうのだろう。

……なんてことを考えつつ、先週も監督と父・良則さんの出演するファンミーティングを視聴していた（徐々に怖いファンになってはいないだろうか。気をつけよう）。

いいわ〜、監督とお父さんの雰囲気いいわ〜、素敵だわ〜、私にもこんなお父さんがいたらよかったのに〜と一人で感激していると、夫が「うちにもいるじゃないですか、お父さんが」と言った。はて？　である。やる気か？　である。なにやら、強烈に苛立った。

「いや、彼はあなたのお父さんであって、私のお父さんじゃないんで」と氷のように冷たい声で答えてしまった。相も変わらず、義父は「大事な話がある」と言っては、「デイサービスを変えようと思う」とか、「桜の木を切ってくれ」とか、またそれかよという発言を繰り返している。もう苛立ったりはしない。生暖かく見守るだけである。

私の足が夫の実家から遠のいて、すでに二か月。夫は毎週休まず実家に通い、両親との時間を過ごしている。「今日も和やかな時間を過ごした」とか、「いや〜、二人とも元気だったな〜」などと言いながら帰ってくる。そりゃそうでしょうよ。義理の両親からしても、何かと厳しく、ことあるごとに「んぁぁぁ!?」とキレ、いきなりやってきては嵐のように去って行く嫁の私よりも、勝手知ったるわが子というか、実の息子のほうがいいに決まっているじゃないですか。私が高齢者になっても、たぶんそうなるわ。だから最初からそうしていればよかったじゃないか。というか、これからもそうしなさいよという気分なのだ。そして夫は、これから先もしっかり介護に関わるだろう。そんな予感がしている。

事務的なことは私がすべてやっておくから、毎週顔を見に行ってあげたほうがいい。両親が年老いてからが、本当の親子の時間なんだからと、こっぴどく夫に言いながら、やはり私はどうしようもなく寂しい。私の父なんて、私が十代で亡くなっているし、晩年に認知症になった母を理解することが出来ず、最後の最後までしっかりと言葉を交わすこともなく、母を見送ってしまった。そして無人となった私の実家は処分が決まり、手続きが進められている。

今まで気ままに生きてきて、いざ両親がいなくなってから寂しいと言うなんて、勝手だということは理解している。それでも、両親がこの世にいない心許なさは結局、素晴らしいドキュメンタリーを観ても、義理の両親の介護を経験したとしても、埋まることはないのだという事実だけがひたすら重い。

3．認知症に備わった能力

義父が絶好調です

すっかり春めいてきて、近隣の山から黄色い煙が吐き出されるようになった。花粉だ。庭の雑草もじわじわと伸びてきて、冬の終わりを告げている。そろそろ本格的なリゾートシーズンがはじまるなと、なぜか私は身の引き締まるような思いだ（国道が車で混雑するから）。私が住んでいる琵琶湖の西側は、ここ数年でずいぶん人気のリゾートスポットとなった。レストランも増えたし、家も増えたし、車も増えた。町に活気が出るのはいいことだと思うのだが、後期高齢者に活気が出すぎるのは考えものだなと思う今日この頃。いえね、うちの義父です。

ここのところ数か月の義父は、私の目から見ても絶好調である。寝たふり、死んだふりを繰り返した挙げ句、私に敬遠されたことに気づいた義父は、今度は強気に出る作戦を決行している模様だ。私が実家を訪れると、まるで逃がさないといわんばかりに小走りで私のところにやってきては、息せき切って話しはじめる。何を話すかというと、自分が日々感じる世の中の問題点についてだ。そしてもちろん、義母の様子もである。

義父が今現在最も問題だと考えているのは、実家の外壁の傾斜だ。実際に傾斜しているかどうか、正確に判断するにはそれ相当の機材がいるだろうから断言はできないが、私が見たところ傾斜しているようには見えない。しかし、義父は傾斜してきている、今にも倒れそうだと言い張る。それが心配で毎日外壁をじっと見つめているらしい。

「どうしても倒れてきているように見えるのや」と言う義父に、「お義父さんが斜めなんちゃいます?」と答えたら、あとで夫が「言い過ぎやで」と言っていた。

さて、この場面で私はなんと義父に答えればよかったのだろう。正解はどんな言葉だったのだろう。きっと正解は、「お義父さん、もし外壁の工事を考えているのであれば、まずは私に言って下さいね。ときどき電話がかかってきたり、突然人が訪ねて来て、家についていろいろ言うかもしれませんが、それは断って下さい。どうしてもしつこいようなら、私のケータイの番号を伝えて『娘がすべて管理しています』と伝えて下さい」というものであり、この通り伝えた。義父は、ウムと満足そうだった。きっと、自分の懸念が受け入れられたと思ったのだろう。受け入れてはいないが。

すこし気温が上がったこともあって、毎日ウォーキングに出かけている義父だが、歩きながら町内のいろいろなところを観察しているようで、先日はこんなことを言ってきた。

「二丁目の山下さんの家なんやけど、壁にはしごを立てかけたままにしておる。あれは問題やと思う。防犯上、あまりよろしくない」

どうでもよすぎる問題提起で咄嗟に言葉が出なかった。いつもの鋭い反応ができなかったことが悔やまれたが、かろうじて「お義父さんに関係ないっしょ」と答えた。すると「関係ないことない！　あれは町内会の会合でみんなに意見を聞いてみようと思う」と言うではないか。めんどくさっ。まったくどれだけ暇やねんと思ったのだが、ここでの模範解答は、きっとこうだと思う。

「お義父さん、よそのお宅の敷地内にはしごが立てかけてあろうが、楽しそうにバーベキューをしていようが、お義父さんには関係ないことですよ。そんなことを町内会の会合で話しあっても、お義父さんが変な人だと思われるだけですよ」

このときも、一応はこんな感じで模範解答を返しておいた。義父は不満そうだったが、一旦落ち着きを取り戻してくれた。

「あなたの能力が足りないだけ」

次に義父が言い出したのは、義母についてだった。最近の義母はとても元気にしているものの、夜間になると混乱が生じるようになっている。主な症状は幻視だ。レビー小体型認知症と診断されているため、幻視や幻聴が起きても不思議なことではない。そして義母の説明する、私たちには見えないけれど彼女に見えているものの存在が、確かにこの世のものとは思えず、迫力があり、義父が「気持ちの悪いことばかり言うんや」と文句をいうのも、理解はできる。

義母によると、夕方になると玄関の前に一人の男性が現れるのだそうだ。決まって同じ時刻に、同じ場所に立っているらしい。人間の形をしているものの、それは明らかに人間ではない「何か」だそうだ。

「最初は樹木の形をしているんだけれど、ずっと見ていくと、枝が伸び、幹が捻れ、徐々に男の形になっていくのよ」と、義母は冷静に話す。私はなんという興味深い話だろうと、引き込まれてしまった。そこに口を挟んだのが義父だった。

「毎晩、そこに立ってる男を捕まえろって、わしに言うんや。そんなもの、誰もおらんのに、どうやったら捕まえられるっていうんや。もうほんまにやってられんのや」

ここでの模範解答は？　きっと、「お義父さん、レビー小体型認知症は見えないものが見えたりするんですよ。これは病気なので仕方がありません。その都度対応してあげてください」だろう。私も、そう言おうとした。言いかけたところで、義母がはっきりとした声でこう言った。

「お父さん、あなたにはあれを見る能力がないのよ。私にはその能力が備わったということ。間違いないの。あれは、あそこに立っている。絶対に間違いはない。あなたの能力が足りないだけ」

そう言われた義父は呆然として、言葉を失っていた。聞こえていなかっただけかもしれない。私は笑いを堪えるのに必死だった。そして、震える声で「お義父さん、お義母さんの言った通り、お義父さんにはそれを見る能力がないだけだと思いますよ（フフフ……）」と伝えた。私の言葉を聞いた義母は、誇らしげな表情で私を見て、大きく頷いていた。

4. 九十歳の純愛

メンタルが絶不調

先日、久しぶりにケアマネさんから電話がかかってきた。「理子さぁん……」と、何か事件があったことを匂わせるトーン。まずい、また何かあったのか⁉ と非常に焦った。

「な、な、な、何がありました⁉」と慌てて聞くと、「実はお父様が……」。チッ、またあいつかと思いつつ話を聞くと、義母が通うデイサービスに義父から連絡が入り、午後二時までに家に戻して欲しいと言ったのだそうだ。

午後二時に家に戻すというだけであれば特に問題はないのだが、義母を歯科医院に連れて行くと義父が説明したらしい。その日はあいにくの大雨で、デイサービスの職員さんが心配して、ケアマネさんまで「一応、ご報告しようと思いまして……」と電話をくれたのだそうだ。

「それでね、理子さん。歯科医院に行かれるとしても、この雨ですよね。タクシーを使ったとしても、お二人の状況を考えると、ちょっと難しいように思えるんですよ。どうしたらいいかなあと思いまして」と、遠慮しつつも大変心配そうなケアマネさん。私は彼女の話を聞きながら、「しまった、忘れてた」と考えていた。というのも、実は義父に頼まれていたのだ。

「母さんを歯医者に連れて行ってくれへんやろか。毎晩、歯が痛いって言うんや」

私の記憶が正しければ、二度ほど頼まれていた。その都度、了解しました、予約を取っておきますねと答えたものの……実は私、この一か月ぐらい、メンタルの調子が十年に一度の絶不調で、仕事は手につかないわ、家事はできないわ、とんでもないことになっていたのだ。

気持ち的には「連れて行かなくちゃ」と思いつつ、スケジュール表を見ることもつらいような状況だった。予約して、夫に付き添いを頼めばそれでよかった。しかし、その手配すら出来なかった。受話器を持つのも嫌だという状況で、結局は放置したのだ。

義父はそもそも、私に迷惑をかけるようなことはしたくないというスタンスの人だ。だから、私が動くのを待ちきれず、自分で連れて行こうと決めたのだと思う。ああ、最悪だと思った。歯科医院ぐらい連れて行ってあげればよかったと反省した。大雨のなか、九十歳が八十三歳を連れて病院に行くなんて、想像しただけで不可能に近い。

「大丈夫です。私が連れて行きますから」とケアマネさんに伝えた。するとケアマネさんは、ほっとした様子で、「申し訳ありませんが、よろしくお願いします」と答えた。

ケアマネさんとの電話を切り、すぐに義父に連絡を入れた。

「今日、お義母さんの歯科医院に行くんですよね。私が送って行きますから」と言うと、

「いや、あんたも仕事があるやろ。迷惑はかけたくない」と言う。そちらに用事もありますから心配しないでと伝え、電話を切った。仕事を早めに終わらせなくてはならない。

私はスピードを上げて翻訳をスタートさせた。すると、再びケアマネさんから電話が入った。今度は「理子さん!!」と、若干焦った様子だ。

「お父様が激怒されているそうなんです。先ほど訪問したヘルパーから連絡が入りまして、ケアマネに監視されている、すぐに息子夫婦に連絡を入れる、役場に苦情を申し立てるとおっしゃっているようなんです。私が歯科医院に行くことを理子さんにお伝えしたからみたいなんです。私、余計なことをしてしまったようで、すいませんでした」

「いえいえ、余計なことだなんてとんでもない。この大雨のなか、足が不自由な義父が

認知症の義母を連れて歯科医院に行くなんて無理ですよ。義父には私から話をしますので、安心してください」と伝えた。ケアマネさんは、「私たちは叱られるのも仕事だから」と言っていたが、まったく義父はなぜこんなにもケアマネさんに怒りを向けるのだろう。

彼は彼女のことを愛している

実家に到着すると、激怒しているかと思われた義父は、とても落ちついていた。むしろ、私が来たことで安心したようだった。義父本人も、大雨のなか義母を連れて病院に行くことに不安を抱えていたのだと思う。私がダイニングの椅子に座ると、待ってましたとばかりに義母の最近の様子を話しはじめた。義父曰く、やはり夕方になると幻視の症状が強く出るようで、男性が階段を上がって二階に行った、風呂場の外に人がいる、玄関から知らない男性が入って来たと毎晩のように訴えられ、「わしは心底、参ってるんや」ということだった。

「具体的だから怖いですよね」と義父に言うと、彼は黙って頷いた。「お義父さんも大変ですね。毎日付き合うの、つらいですもんね、いくら夫婦とはいえ……」と慰める私に、義父は「実はな、この前は『早く本妻のところに戻ってくれ』と言われたんや……」と打ち明けた。私は食べていたフィレオフィッシュを吹き出しそうになった。笑いを堪えるのに必死で、鼻がピクピクしてしまった。

しかし冷静なふりをしつつ、「でもお義父さん、それは病気が言わせてることなんですよ。わかりますよね？　健康な頃のお義母さんだったら絶対にそんなこと言わないから。正面から受け止めちゃダメですよ。流したらいいんですよ、そういう言葉は。ハイハイって聞いていればいいじゃないですか。本心じゃないんだから」と私は答えた。

すると義父は、「わし、悲しくなってしまってな。『それじゃあお前は、俺のこと、どう思ってんねん？』って聞いてみたんや」。

再びフィレオフィッシュが口から出そうになった。付き合いたてのカップルじゃあるまいし、義父のこの恋愛体質が問題をややこしくしているのではないか？　愛しているんだな、彼は。義母がどういう状態になろうとも、彼は彼女のことを愛しているのだ。だから、彼女の言動に振り回され、もう愛されていないと思って、怒りが募ってしまうのだろう。

「お義母さんはお義父さんのこと、好きに決まってるじゃないですか。大丈夫ですよ。

それから、ケアマネさんに怒らないで下さい。お義父さんたちの生活を支えようと必死に動いてくれているんだから」と伝えた。彼女は、納得したようで、「そうやな」と言っていた。

義父と二人で義母をデイサービスまで迎えに行き、その足で歯科医院まで行った。院長によると、口内の状態が悪く、歯磨きにもそろそろ介助が必要なのではないかということだった。正直、私は愕然としてしまった。義母が出来なくなったことが、またひとつ増えていたのだ。

待合室に戻ってきた義母は、私を見ると「あれ、なんであなたがここにいるの⁉」と驚いていた。「さっき、一緒に来たじゃ〜ん」と笑いながら答えたが、なんだか虚しかった。これから先、どうなるのだろう。

会計を済ませ、エレベーターまで手を繋ぎながら歩く二人の後ろ姿を見ながら、やっぱり愛だなと、妙に納得した。九十歳の義父は、必死に義母を守ろうとしている。その気持ちが空回りし、周囲に誤解されたとしても彼を責めることは間違っている。

この日は春の大雨で、桜の花がすべて散ってしまった日だったが、介護が次のステップに進むだろうと確信した日ともなった。

5. 歯医者に行くだけなのに

「どれだけ地元情報に詳しいねん」

先日突然義父から電話があり、またしても「お母さんを歯医者に連れて行きたい」と相談された。

「奥歯が痛いって言ってるんや」ということだったので、翌日、仕事を終えてから夫の実家に行き、義母に直接聞いてみた。

「お義母さん、歯が痛いって聞きましたけど？」と尋ねる私に義母は「全然痛くないですよ？」と答えた。義父の顔を見ると、静かに首を振っている。

「奥歯が痛いって聞いたんですが、本当に痛くないんですか？」ともう一度義母に聞くと、義母は若干苛立った感じで「痛くないわよ。嘘じゃないですよ。だったら見てみる？」と言って、マスクを外して、いーっと前歯を見せた。なんと、奥歯じゃなくて前歯が一本無くなっていた。

「お義母さん、奥歯というよりも前歯がないじゃないですか」と言うと、「そうよ！　そうなのよ、理子さん！　この前、顔を洗ったときに落としてしまったのよ！」ということだった。奥歯が痛いのも問題だろうが、前歯がないのも問題だ。早速、駅前の歯科医院を予約した。本当に痛みはないのかと確認すると、神に誓ってないという義母。一応納得して、私は自宅に戻った。

翌週の予約日、義母を迎えに行くと義父も支度をしていた。「お義父さん、まさか来るつもりですか。駅前の歯医者に行くだけですよ？」と私は嫌味を言った。義父は左脚が少し不自由で、車の乗り降りに時間がかかる。それが嫌とはもちろん言わないが、車で五分足らずの距離にある歯科医院に義母を連れて行くのに、義父まで連れて行く私の労力を考えてみてほしい。

車の乗り降り、エレベーターまでの誘導、その間にどこかへ行ってしまう義母の監視。何度か「ここで待っていて下さい。すぐ戻るから」と頼んだが、義父は泣きそうな顔で「わしも行く……」としか答えなかった。

苦労して車に乗せたあとの義父は超ご機嫌だった。道路工事を見れば「ここの道路が広くなったのは県会議員の〇〇が……」とか、「ここのA社の社長はB社の社長に頭があがらんでなあ……」とかいう、本気でどうでもいい話ばかりして私を苛つかせた。どれだけ地元情報に詳しいねん、滋賀pediaか？　どういうマウントや？　チッ……などと思いつつも表面上は優しく対応、ようやく歯科医院に到着した。

突然の号泣からの……

院長はとても優しい方で、私が義母の状態について（特に認知症が重度なことについて）説明すると、すべて理解してくれ、私を診察室に滞在させた状態で義母の治療をしてくれた。まず、前歯は差し歯が抜けてしまっているので作り直す。しかし、奥歯は歯周病がとても酷い状態で、たぶん抜歯になるだろうということだった。「こんなに酷くなるまで我慢してたんですかねえ……。ずいぶん痛かったと思うんですけど」ということだった。

そう言えば、最近の義母は痛みに鈍感になっている。自分自身のコンディションの把握が出来ていないような気がしている。転倒が増えてきているため、擦り傷や打撲があるのに、「全然痛くない」と言う。その点を心配していたのだが、きっと、歯のことも、痛いと感じながらそれを訴えることが上手く出来ていない状態だったのではないかと思う。少なくとも、私には訴えてこなかった。それも、長期間にわたって。

紆余曲折あり、抜歯は駅前の歯科医院では出来ず、総合病院で行うことになった。高齢であること、認知症であること、薬を何種類か服用していることなどを考慮して、念のため、抜歯後に血圧その他の管理が必要だとの結論が、義母の主治医と歯科医師とのやりとりで決まったのだ。

「あちらで抜いてもらってから、またこちらに戻って来て下さいね。その先の治療は僕がやりますから」と歯科医院の院長は言ってくれた。私は、その時も義母の付き添いで来ていた義父に「ここでは抜けないので、総合病院に行くことになりました。まあ、もしかしたら一泊ぐらいするかもしれないっすね」と伝えた。でも、この最後のひとことが余分だった。

帰りの車中で、義父が突然泣きだした。義母は、「?」という顔で義父を見ていた。

「駅前の歯医者で抜けないということは……グホォッ、なにか他に病気があるのでは……」と泣きながら言う義父に、若干強めの口調で「ちゃいますよ。薬をいろいろ飲んでるから、念のため、術後に管理してもらえる病院でってことですよ！　さっき説明したじゃないすか！」と返してしまった。義父はしばらくして泣きやんだが、今度は私が罪悪感を抱えることになった。

気の毒になったので、私は車を家の近所のお弁当屋さんの駐車場に停めた。「お弁当買ってきますね。少しだけ待ってて下さい」と義父に言うと、義父は赤い目を擦りながら、「うん」と言った。義母は「理子ちゃん、悪いわねえ……」と言った。「いいですよ、すぐ戻ってくるから待ってて下さいね」と伝え、私はお弁当屋さんに行き、二人が大好きな「大根おろし付き和風ハンバーグ弁当」を注文し、すぐに車に戻ったのだが……。

車中の二人は爆睡していた。ほんの三分ぐらいの間の出来事である。

大根おろし付き和風ハンバーグ弁当が出来上がるまでの時間しか経っていないはずなのだ。さっきまで泣いていた義父は「大」がつくレベルの爆睡だった。私はお弁当を持ったまま、しばらく唖然としたのだが、たぶんこれが老いるということなのだろうと考え、爆睡する二人を実家に送り届けたのだった。

6．義父のお尻が大事件

まさか義母が……

その日、私は急ぎの翻訳原稿の見直し作業に追われていた。訳しているのはとても長く、難解な一冊で、ここ数か月間、ノンストップで訳し続けているがなかなかどうして手強い。訳しても訳しても、終わりが見えてこない。しかし、手を止めてしまえば苦しさは増すばかり。とにかく突き進むしかないと作業をしていた。夫はこの日、在宅勤務をしていた。私と夫は同じリビングで、互いがパソコンに向き合って、カチャカチャと忙しくキーボードを打っていたのだ。

昼過ぎ、固定電話が鳴った。固定電話が鳴る場合、相手は義理の両親、息子たちの学校関係者、あるいは介護関係者だ。この時は、義父が週一回通っているデイサービスの所長だった。一通りの挨拶が済むと、所長はこう言った。

「実は少し気になることがありまして。お父様が臀部《でんぶ》に痛みを訴えられたので、こちらの看護師が確認させて頂きましたところ、かなり広範囲に及ぶ、酷い内出血がありました。その部分が固く、腫瘤《しゅりゅう》のようになっておりまして、受診が必要な状況だと思います。お父様に確認しましたが、一切、原因がわからないということでした。転倒もしていないとのことです」

危うくため息が出そうになった。腫瘤も大変だけど、原稿も大変なのだ。原稿を待ってくれている編集者の顔がちらっと浮かぶ。

「わかりました。ちょっと本人に確認いたしまして、病院に連れて行きます」

私は電話を切ってすぐに夫に報告した。

「お義父さんのお尻に緊急事態発生らしいで」

「また親父かよ～。今度はなんだよ」

「めちゃくちゃ内出血しているらしい」

「転んだんとちゃうか？」

「それが転んでないらしいんだよ」

「ってことは……」

私と夫はしばし考えた。まさか、義母が……？

というのも、ここ数か月の義母は、義父に対する嫉妬妄想を再び抱いている状態だ。昔ほど強烈とは思わないが、なかなかどうして根強い状態で、義母のなかに義父への疑いがある。

「まさか、ハイキックとか……」

「いやいやハイキックは無理やろ……」などなど話をしていたが、デイサービスの所長から連絡があったのは昼過ぎのこと。いずれにせよ、すぐに病院に連れて行くことはできない。私は近所の整形外科の診療時間を調べ、ちょうどその日、夕方から診察があることを確認した。夫に「十七時以降の診察に連れて行けばいいんじゃない？」と伝え、一緒に行くことにした。こう決めた直後、訪問看護師さんから連絡があった。

「デイサービスから連絡があったのですが、臀部の内出血が相当酷いということです。受診はできますか？」ということだった。私は夕方受診する予定を伝え、訪問看護師さんとの電話を切った。

容疑者は私!?

さて、私と夫は十七時少し前に仕事を終えると、急いで実家へ向かった。到着し、家のなかに入って行くと、薄暗いリビングで義母がひとりでうろうろと歩き回っていた。最近の義母は、この「なにをするともなく歩き回る」という症状が強い。目的があったはずなのに、歩きはじめるとそれを忘れてしまうからだ。これが発展すると外への徘徊となるかもしれないと思うと、目撃する度に怖くなるし、胸が痛む。義母に声をかけると、「お父さんは寝込んでる」と言う。毎日毎日、寝てばっかりやとしっかり嫌味も付け加えていた。

恐る恐る寝室のドアを開けると、義父が微動だにせず寝ていた。なにこれ、エジプトのマミーなの？　怖いッ！　近づいて声をかけると、「ヒャァァァ」みたいな声とともに義父は目を開けた。

「お義父さん、お尻に怪我してるみたいですけど！　どうしたんですか！」と大声で呼びかける。夫は寝室に入ってこようともしていない。

「お義父さん、わかります⁉　今日、デイサービスさんと看護師さんから電話があって、お義父さんのお尻が大事件って聞いたんですけど！　転んだんですか！」

こう聞くと、義父はプルプルと首を横に振った。「わからへん……」とか細い声で答えるものの、若干のピー音みたいなものが混じって聞こえにくい。ダメだ、肺に空気が入っていない。私は精一杯の力で義父の上半身を起こして、ベッドの上に座らせた。「お義父さん、わかる？　お尻に怪我してるんでしょ？　今から病院に行こう」と、義父の目をしっかりと見ながら言うと、義父はうんうんと頷きながら涙を浮かべて「ありがとうね」と言った。「大丈夫だよ、お義父さん。ちゃんと診てもらおうね」と私は答えた。自分で言うのもなんだが、まるで菩薩だ。しかし頭のなかでは、これ、次の原稿に書いたろと思っていた。

私と夫、二人がかりで義父を車に乗せた。義母は状態がさほど悪くなかったため、戸締まりをしっかりしてもらい、留守番を頼んだ。テーブルの上には大きな文字で「おとうさんを病院に連れて行きます。怪我をしました」とのメモを置いた。これで大丈夫だ。

車中の義父は上機嫌だった。「お義父さん、転んだんですか？」という私の質問には「いや、それがわからんのや。朝起きたら、こんななってってなあ……」としか言わなかった。「そんなに酷いんですか？」と聞くと、「見たこともないような感じ」と答える。うわあ、絶対に見たくないと思った。

臀部に腫瘤が出来るほどの打ち身って、それこそ竹刀みたいなものでしこたま殴らないと出来ないものなんじゃないか……と考えた途端、さーっと血の気が引いた。まさか、虐待が疑われているのでは？　だって、デイサービスの所長と看護師さんが電話かけてきたわけでしょ。その後実は、ケアマネさんからも受診を勧めるメールが来ていたのだ。疑わしいと思われているのは、もしやもしや……私⁉

大げさなリアクション

とにかく整形外科へと急いだ。私がこの病院を選んだのは、看護師さんも先生もとても優しくて丁寧だからだ。十分も待たずに義父は優しい看護師さん数名に支えられるようにしてレントゲン室に入り、そして、優しく支えられながら待合室に戻ってきた。このあたりからじわじわと気づいていたのだが、義父が上機嫌になってきていた。義父というのは、とにかく誰かから優しさを与えられることが大好きだ。まるでウォンバットだ。そりゃ誰でも人から優しくされたらうれしいだろうが、義父の場合はレベルが違う。私は思わず「お義父さん、よかったですね、優しくしてもらって」と嫌味を言ってしまった。

そして十分後、早速診察室に呼ばれた。私も付き添った。いつもの温厚な先生と看護師さん二人が義父の臀部から股関節にかけて撮影されたレントゲンを見ていた。

「左に人工股関節が入っているということだったので、心配しましたけど、まったく骨には問題ありません。大丈夫ですよ。心配することないです。ただの打撲ですね。ただ、お薬手帳を確認すると、血液をさらさらにするお薬を飲んでおられるので、きっと毛細血管が切れ、そこから出血したという状態でしょう。それではとりあえず患部を見せて頂きますね」と医師は一気に言った。

義父は優しい看護師さん二人に両脇を支えられて立つと、医師によりズボンを引き下ろされて、臀部を露出された。見たくなかったけど、興味が勝って見てしまった。見事に内出血していた。まるで誰かが竹刀で力一杯殴ったかのような酷さだ。医師は「ハイ、心配することはありません。大丈夫です」と言った。するとその瞬間、義父が大きな声を上げた。号泣している。

「娘をおおおおおおお！！！　娘を呼んでくださいいいいいい！！！！　うぐううう、うわああああああ」

私は診察室の天井を見上げた。耐えられないほど、キツい……。

医師も看護師さんも、一斉にフフフフと笑った。なにせ、大げさだからだ。この世の終わりのような泣き方だった。私は義父を待合室に連れ戻し、診察室の号泣が聞こえていたはずの夫に「大丈夫だったよ」と伝えた。夫は無表情だった。看護師さんに優しくされ、診察してもらい、異状がないとわかったうえに感情を爆発させてひと泣きした義父は、ずいぶんスッキリしたようで、待合室では笑顔だった。そして、「草むしりして転んだぐらいで、こんなに大事になるとは思わなかったが、お前には苦労をかけたなあ」と私を見て言っていた。

草むしりで転んでたんかーーーーーい！！！

義父母の下半身介助

義理の両親の介護をしていて最も難しいと思うのは、トイレ介助だ。義父と義母の場合、今現在も自力でトイレに行くことはできるが、当然、失敗もある。そんな場面に遭遇してしまったことが過去に何度かあり、その度に気まずい思いをしてきた。相手が義母であれば問題はない。同じ女性として、介助の仕方は自然に理解できる。しかし、相手が義父の場合、まずは「無理」という言葉が脳内に浮かんでくる。そのうえ、失敗するのが九割方「大」のほうであることに絶望する。私は介護のプロではないので、何をしたらいいのかわからないし、いっそのこと、全く知らない他人のほうがよかったといつも思う。向こうも、同じように考えているだろう。

この問題をある程度クリアにするためには、平日は可能な限りデイサービスに通ってもらい、健康維持に努めてもらうこと、なおかつ、日中の多くの時間でプロの介護サービスを受けることだと私は考えている。もちろん、要介護度が上がり、利用する回数が増えればそれだけ金銭的負担も重くなるわけだが、お互いに気まずい思いをしたり、なにより本人たちが居心地の悪い思いをするよりは、ずっといいと考えている。

7．それが一番アカンやつ

清潔好きだった義母が

今回は、認知症の高齢者介護の現実のようなものに、一歩踏み込んだ内容を書くつもりなので少し気が重いが、先日起きたことを正直にお伝えしようと思う。私はこの数日、このプチ事件が原因で、少しだけだが凹んでいる。

先日、義母がお世話になっているデイサービスのマネージャーの女性から電話があり、義母の入浴の際に判明したのだが、義母が白癬菌《はくせんきん》に感染しているようだとの報告だった。それも酷い状態だという。「先週の時点では気づくことが出来なかったのですが、今日は包帯を巻いておられて、それに看護師が気づきました。包帯を外してみると、足の指に絆創膏が何重にも貼ってあって、それを剝がしてみて、感染に気づきました」とのことだった。

「包帯などを巻いてしまっていたため、かなり酷い状態です。お忙しいとは思いますが、是非皮膚科にお連れして下さい」と、申し訳なさそうにマネージャーは言うのだった。私はお礼を伝えて電話を切ったが、しばし、呆然……。以前の義母であれば考えられないことだ。いや、ありふれた菌だし、高齢で抵抗力も弱っているだろうし、仕方がないといえば仕方がないことなのだろう。ただ、繰り返すようだが、以前の義母であれば想像できない状況だ。

今現在の義母は介助なしでは入浴ができない。そんな状況では、白癬菌に感染することも、そりゃ当然考えられるわけで……。こういう時はどうしたらいいのだろう。もちろん、病院に連れて行くことは必須だが、それ以降はどうする？　どうやって清潔な状態を保ってあげられるのだろう？　在宅勤務中で目の前にいた夫に伝えると、夫も絶句だった。きっと私と考えていることは同じだっただろう。あれだけ清潔好きな義母だったので、夫からしても寝耳に水というか、なんというか……。

「それは可哀想やな。ちょっと様子を見に行こう」と夫は覇気ゼロで言った。連絡があったのは金曜の夕方のことで、皮膚科は診療時間外。とにかく週末だなと言い合って、夫と私で翌日の土曜の昼に、義母の様子を見に行った。

水虫にモイストヒーリング

するとそこには足に包帯をぐるぐるに巻いて、そのうえに靴下を履いている義母がいた。「お義母さん、足が大変なんですって？」と聞く私に「足なんてどうにもなっていませんよ」と笑顔で答える。その瞬間にスイッチが入ったらしい夫は「どうにもなってないことない。水虫や！」と哀れな義母に怒った。

さらに、私が義父に、お義母さんが白癬菌に感染しているみたいですが、と言うと、義父は「そうや」と、若干苛立った様子で答えたあとに、「だからもう、デイの風呂はお断りだ」と言い出すのだった。

そう来るかあーッ!! 義父のその言葉を聞いた夫は完全に我を失い、「そうやない。逆や！ 清潔にできてないから、こんなことになるんや。おふくろを週に二日しかデイに行かせないからこんなことになったんやろ」と激怒しはじめた。これだから実の親子というのはややこしいではないか（ちょっとニヤニヤ）。

私は、まあまあと夫をなだめ、義父に「お義父さん、もしかしてデイに行って、菌をうつされたと思ってるんですか？」と聞いてみた。すると、「そうや」と言い切る。

「どこにでもいる菌だから、そうだとも、そうでないとも言い切れないと思うんですけど、問題はそこじゃなくて、お義母さんの足のことに誰も気づかなかったことが問題だと思うんですよ」と私は若干偉そうに言った。普段しっかりと介護に参加していると、こういうときに発言がしやすい。

「いや、わしは母さんの足がおかしいから、絆創膏を貼ったんや！」と義父は言い、私に堂々と湿潤療法用のテープを見せた。一番アカンやつや、それ。水虫にモイストヒーリングって、いやがらせかよ。

「お義父さん、これは貼ってはいけないですよ。絆創膏も包帯もダメ。とにかく、病院に行かないとダメです」と私は言ったが、なんだかため息が出そうだった。何もかも裏目に出ているのだ。

「週明けにならないと病院には行けないので、私、今から薬を買ってきます」と言い残して車で出たが、テーブルの上にデイサービスのマネージャーが書いてくれたメモが置いてあった。夫の実家に最も近い皮膚科の病院名と電話番号、そして受診時間など、詳細を書いてくれていた。なんと丁寧な方なのだろう。感謝しつつ、私はドラッグストアに行き、薬用石鹸と薬を買ってきた。

さすが実の息子

さて、ここからが問題だ。誰が義母の足にぐるぐるに巻かれた包帯と、モイストヒーリング用テープを外し、足を洗い、薬を塗るのか。あたし？　まさか！　無理無理。

この大問題に立ち向かったのは、夫だった。さすが実の息子である。偉い。立派。やらねばならぬときは、やらねばならないのだ。私は夫を少し見直した。義母を風呂場に連れて行き、ちゃんと足を洗って、拭いて、薬を吹き付けたのである（もちろんこれは応急処置で、後日皮膚科も受診した）。

義母は「おかしいねえ、なんでこんなことになるんだろうねえ」と不思議そうだった。不思議そうにしながら、また包帯を巻こうとする。それは巻いてはいけないと私と夫で説得している横から、義父がまた湿潤療法用のテープを持ってきて「これはいらんのか」と言って夫をとことん激怒させる。コントか。もうやめてくれ。

やはり、わが家の高齢者介護はまた一歩険しい道を進んだような気がしてならない。水虫なんてかわいいものだ。これから先、一体なにが起きるのか、かなり不安だ。

8．義父から逃げたくて、夏

鳴りやまない電話

私は大変疲れている。二〇二三年七月の後半から怒濤のようなスケジュールをこなしてきた。仕事はいつものことだから慣れているけれど、自分の用事以外の用事、それもビッグイベントが私を待ち受けていたからだ。私、双子の息子の三人で行く、久しぶりの東京旅行である……それも、このめちゃくちゃ暑い時期に。

実は次男の所属する剣道部が全国大会に出場するため、日本武道館に観戦に行くことになったのだ。顧問の先生に「お母さんも見にきなさいよ！」と言われ、「は、はい」と答えてあっさり観戦が決定。兄は別の学校の生徒だが、顧問の先生が「お前たち、双子だろう？　それなら、兄ちゃんも見に来いよ」と言ってくれ、長男も「わかりました」と答えて、親子三人東京遠征が決まったというわけだ。

双子は私よりも一日早く剣道部の他のメンバーらと東京に行き、私は全日程のうち二日目からチームに合流した。待ち合わせ場所は都心の合同練習会場である都立高校で、全国から集まった剣士が一生懸命練習していた。

ウッ……母はこの時点ですでに涙腺が怪しかった。高校生の夏だもん、キラキラしちゃうよね。今までがんばって練習してきた君たちは、なんて輝いているのだろう。それは、心が汚れた私がこの場にいてもいいのだろうかと思うほどにピュアな世界だった。暑くて、息苦しいほどの気候だったけれど、「東京に来て本当によかった」と感激してしまったのだった。

翌日、とうとう武道館で大会が開かれた。その場に、双子の中学での同級生のA君までやってきた。A君と次男は中学で同じ剣道部に所属していた仲間であり、親友だ。もちろん、A君は長男とも仲がよい。次男を応援するためだけに、滋賀県から一人で武道館まで来てくれた。子どもたちの間に、そんなに強い友情が育まれているとは、私は夢にも思っていなかった。私、A君、そして双子兄の三人で、クーラーのよく効いた観覧席で試合を観戦した。みんな、成長したなあと感無量だった。

次男は個人戦でも、団体戦でも勝利し、とてもいい思い出が出来たと思う。次男以外の剣道部員たちも大健闘だった。私は、母となって初めて、母らしいことが出来たのかもしれないと感動して（しかしかなり疲弊して）、滋賀県へと戻ってきたのである。

そして、翌日……。

わが家の固定電話は朝九時ぴったりから鳴り始めた。帰宅直後、夫から状況は聞いていた。私たちが東京へ行ったと知った義父は、留守番している夫にひっきりなしに電話してきては、「食事は出来ているのか」と涙声で聞いてきたらしい（夫五十六歳）。「東京で事故に遭ってはいないだろうか」、「迷子になってはいないだろうか」……そんなことを言い続ける義父に、夫は心からうんざりしているようだった。しかし、夫は実の子だけに義父に厳しく対応し、電話は鳴り止んだそうだ。そして翌日の朝一番に、再び電話が鳴っているのである。

私は、当然のようにそれを無視した。というか、まだ寝ていた。呼び出し音は二十回程度鳴って、ようやく切れた。普通は十回程度で諦めないだろうか？ 確認しなくてもわかっている。確実に義父からの電話だ。発信者番号を確認しなくても、呼び出し音にドロドロとした執念のようなものが絡みついているのが私にはわかるのだ。洗濯機の蓋を開けなくても、中に濡れた洗濯物が入っているかどうかわかるように（多くの主婦がこの能力を備えていると思うが）、私には呼び出し音でそれが誰からかけられているものか、内容がどのようなものか、だいたいのところを想像できる能力を身につけている。

次に固定電話が鳴ったのは十分後だった。出なかった。また義父かよと思いながら寝ていた。この時は三十回程度呼び出し音が鳴った。呼び出し音の音量設定は最低にしているから、それはまるで女性のうめき声みたいに、静かに、微かに鳴り続けていた。もう耐えられない。私はガバッと起き上がって、固定電話の呼び出し音を切った。この日の午後に着信履歴を調べると、表示可能な分はすべて夫の実家の電話番号だった。確実に義父だ。義母は最近、電話を使うことが出来なくなっている。義父は朝から最低でも十五回はかけてきていたことになる。恐怖しかない。

夕方、次男が私に「さっき、じいじからケータイに連絡があったわ」と言った。「今度はそっちにかけたのか」と思ったが、正直、「助かった」と思った。次男は嫌そうな様子ではなかったからだ。もちろん、私が義父の連絡から逃げていることを、次男には言わなかった。

「東京で事故に遭ったかと思って心配だったって。事故で死んでしまった夢を見て、そうなったんじゃないかと思って確認したかったらしいで」と、次男は笑いながら言っていた。この日は次男が義父と話してくれたおかげで、固定電話が鳴ることはなかった。

とにかく逃げたい……

こういうことを書くと、それは認知症の初期症状とか、もしかしたら鬱なのかもと言われるのだが、そこはもうすでに手は打ってある。ありとあらゆることはしている。投薬も受けている。しかし、義父のこの執拗な電話は今にはじまったことではなく、二十年ぐらい前からこの状態で、私は本格的に悩まされ続けている。悩まされているというか、単純に、怖いのだ。

今回、義父は結局、私と話をするまで諦めることはなく、次男のケータイを鳴らした翌日も朝の九時からわが家の電話を鳴らし続け、観念した私が電話に出ると、「お前が死んだという夢を見たので電話をした」と、泣きながら言っていた。もうお手上げである。

しかし、この電話攻撃とか、あさっての方向からの心配攻撃は、「高齢者あるある」で、悩まされている人が多いと友人から聞いた。義父のような執拗さはなくても、起きてもいないことを心配し、精神的に追いつめられる高齢者が多く、家族との間で軋轢となっているらしい。酷い場合は、方角とか天気とか、そんなものも絡めて「今日はその方角に行くな」などと言われることもあるらしい。え〜、そんなの地獄……。

ふと想像してみる。私の両親が生きていたとしたら、そんなことをするようになるだろうか。一分ぐらい考えて、答えは出た。「ありえない」。私の両親は、ほぼ百パーセント、そういう状態にはならなかっただろう。だから、そういう状況に陥ってしまう人にはある程度、当人の性格が反映されているのだと思う。

私の場合は軋轢というよりも、「とにかく逃げたい」と考えてしまう。だって、実の両親にだってそこまで追いかけられたことがないのだから。私が引くほどの執念で、受話器を握りしめ、わが家の固定電話の番号を押し続ける義父の姿を想像すると、将来仏像となり、どこかに奉納されるのでは？　とも思う。

令和の電話魔として、数百年後の未来人たちに鑑賞されているかもしれない。「ふーん、こういう連絡手段だったのか」なんて、木彫りの義父に感想を述べる人がいるのかもしれない。「それにしても必死の表情だね」と、観察眼の鋭い人は言うだろう。結局、私は仕方なく電話に出たが、義父の裏返った高い涙声を聞くことが苦痛でならず、精神的にとても疲労したのだった。

しかし、この義父のピー音というか、最近ではチュイーンとかキュイーンといった、モスキート音のような声は、私に対してのみ発せられるということがわかってきた。夫とも話をしたのだが、夫の前で義父は弱い姿を見せようとせず、シャキッ！　としているというのだ。しゃべり方もほぼ普通だそうだ。

「そんなことしようものなら俺が叱りつけるから」と夫は言っていた。つまり、義父は相手を選んでチュイーン音を出しているのだ。理由は、書くのも恐ろしいが、きっと、「甘え」だ……ギャーーー!!

これが判明して余計に、私の足は夫の実家から遠のいてしまっている。チュイーンから逃げたい。先日も食料投下に行って来たのだが、私の顔を見た瞬間、義父は「お前はファックスをもっているのか……」と、チュイーン音で聞いてきた。電話がダメならファックスで。その義父の狙いがわかって、もう本当に、私はどうしたら逃げられるのか、そんなことばかり考えている。そして私を「お前」と呼ばないでほしい。

9．叶わなかった両親との食事会

久々の外食

先日、義母の誕生日だったため、数年ぶりに義理の両親、そして夫と私という四人のメンバーで外出した。それも夜の居酒屋である。私からすると、本当に久しぶりのちゃんとした（？）外食で（イベントなどで東京に行くときは別として）、なんとなくテンションが上がってしまったのだが、義母はそうでもなかった。先の予定を記憶できないので、義母からしたら突然「誕生日だから外出しましょう！」と言われた形になってしまい、最初は「ええ……行きたくない」と、拒絶していた。私は繰り返し、「行ったら楽しいかもしれないから、とにかく行きましょう」と説得した。これはもう、自分自身に繰り返し言って聞かせる言葉オブ２０２３受賞のフレーズで、義理の両親の実家に向かうときは、これをマントラのように唱えているのだ。

義母は徐々に行く気持ちになったようで、身支度を調えて、夫の運転する車で我々四人は駅前のちょっとよさげな居酒屋に向かった。車中、義母は床の間の掛け軸について語り出した。この床の間の掛け軸については、過去二十年あまりの年月において、何度聞かされたかはわからないが、こうやって書いている今も詳細は思い出せない。それでも義母は何度も言うので、「居酒屋にはたぶん掛け軸はないですよ、ワハハハ！」と笑って言ったら、夫に「……ちょっと」と制された。え、なんでこんなことで叱られ発生？　と思ったが、その時は気にせずにいた。

店に到着すると、義母は俄然喜んだ。元酒豪の義母、さすがである。うわあ、楽しい！　と、すぐに表情を明るくした。私たちが通されたテーブル席の真横にガラス張りの冷蔵庫が置かれていて、そこには一升瓶の酒やらワインがずらりと並べられていた。よせばいいのに私も大きな声で「あ、チャミスルあるやん！」と、張り切って冷蔵庫を指さした。その時だ。再び夫が「ちょっと」と、私を制したのである。え、何？　なんで制された、私？　そう疑問に思ったものの、まあ、楽しい席なのでいいやと流した。

義母は認知症なのでお酒を飲ませることはできないが、誕生日だから特別にということで、生ビールを注文した。義母からすると数年ぶりの生ビールで、彼女は本当に美味しそうにそれを飲んだ。「わああ、これ美味しいわあ～」と、義母は大喜びだった。私はメニューを見ながら、バランスよく食べ物の注文をしていった。そしてとうとう、メニューページはアルコール類へ。私はそのときもよせばいいのに、うっきうきの声で「おう！　山崎のハイボールあるんか！」と言った。すると夫が、「……ちょっと」と、またもや私を制したのである。ここで私の心は営業時間を終了した。まるで私という無法者から両親を守っているような振る舞いだったのだ。

心が悲しみの海原へ

よくよく考えてみれば、私はそのとき、その席で、唯一の他人だったわけである（それも謎にテンションが高い）。目の前の義母も義父も楽しそうにしてくれていたし、その姿を見て私も心からよかったなと思ったわけなのだが、結局、夫は、彼なりに理想の誕生会を母のために開いてあげたかったのだろうと途中から気づいた。だから、異様に誕生会を楽しむ私を大人しくさせたかったに違いない。私が楽しむのではなく、義母が楽しむための会なのだ。

やっぱり、こういう場所に一緒に来るのは女友達が一番ですね！　と、私は納得しはじめていたし、これは義母のための誕生会だから、義母が一番楽しむべきなのだと気づいたあたりでじわじわと「私の両親だったら、どんな感じだったろうな」と思いはじめてしまった。そこから一気に心は悲しみの海原へ……。

私は大人になってから、実の両親と向き合って食事をしたことが一度もないのである。父は私が高校生のときに亡くなっているし、母とは、父が亡くなってから数回程度しか一緒に出かけたことがない。今となっては、父よりも年上になってしまい、彼が酒を飲んだらクダを巻いたかとか、だらしないのかとか、そんなこともわからない（たぶんどちらも正解）。今生きていたら、どんな顔だっただろうとか、どんな声だったのだろうとか、そんなことばかりが頭のなかをグルグルと駆け巡る。

義母と義父を目の前にし、本当の父も母も死んでしまっているというのに、私は何をやっているのかと考えたら、心臓のあたりに大きな穴が開いて、そこからスースーと空気が漏れていくような気がした。チャミスルも山崎のハイボールも、私は一度として両親と一緒に飲むことは出来なかったし、酔っ払ってふざけたこともない。楽しい誕生会を両親のために開いてあげたこともない。

義母の誕生会は無事終わり、義母も義父も大いに食事を楽しんでくれた。帰りの車のなかで夫が「親孝行できてよかった」と言っていた。私も「これから月に一回ぐらいはこんなことしたほうがいいね」と答えた。優等生を気取りそう答えたものの、サンドバッグに全身で体当たりしたいような気持ちだった。

翌日、スーパーに買い物に行く車のなかで、「あ〜、お父さんとお母さんと飲みに行きたかったなあ〜」と声に出して言ってみたら、涙腺の供給可能量を上回りそうな涙がボロボロ出てしまって難儀した。もう散々である。

私の心の花が一輪枯れるとき

私が義理の両親の介護に時間を割いているとき、最も心削られるのが、「家族の昔話」を彼らから聞かされることだ。例えば、先ほどの誕生会のような義理の両親と夫、私というメンバーでの会食も、私のなかではもう「介護」にカテゴライズされているのだが、そこで繰り広げられる家族の昔話は、もちろん微笑ましいものの、私には苦痛なときがある。

夫が子どもの頃、日本各地のホテルに泊まり、その都度おいしい料理を堪能してきたこと（義父は調理師で日本各地のホテルで勤務してきた）、そこで出会った人々の話……延々と続く物語を繰り返し聞いているだけなのだが、その時間で、できれば仕事をしたい。そのうち頭のなかに文字が流れてくる。早くあの原稿を書いてしまいたいと、気もそぞろだ。血の繋がった家族間だったら「あらパパ、またその話？」などと、笑えたのだろうか。笑えたのだろう、きっと。

これは介護に限った話ではない。私の時間は私のもので、かけがえのないものだから、それが誰かによって消費され、納得できないのなら異議を唱えていいはずだ。少しは配慮してよと言っても罰は当たらない。嫁だから介護に参加してあたりまえ、母親だから育児をしてあたりまえ、家族のために自分を犠牲にしてあたりまえ。そんなあたりまえを潰していきたい。

10. 悪徳業者との闘い——高齢者を騙す人々①

私の敏感な「妖怪アンテナ」

ここのところ、あまり大きな事件もなく、平穏な生活を送ってくれているはずと思っていた義理の両親だったのだが……。先日、夫の実家に立ち寄った際に義父から聞いた話が若干ホラーだったので、報告させていただこう。

私は自称「妖怪アンテナ（高齢者を騙す妖怪を検知するアンテナ）」の持ち主で、高齢者を狙った詐欺を防止・撃退することに日々執念を燃やしているのだが、そんな妖怪アンテナをすり抜ける業者があとを絶たない。高性能のはずだったアンテナに対抗するように、相手が技を磨いて挑んでくるようになったからだ。手を替え、品を替え、彼らは連日のように高齢者の家にやってきては、様々なトークを繰り広げ、多数のチラシをポストにねじ込み、高齢者のなけなしの現金を搾り取ろうとする。やめてあげてくれないか。弱者をいじめて何がしたいのだ？

振り返ってみれば、義理の両親は過去数年間で、両手では足りないほど様々な詐欺にひっかかってきた。床下の扇風機、屋根の修理、トイレの修理、キッチンの詰まり、廃品回収、ケーブルテレビ、格安電気、格安電話、キャンセルが困難過ぎて十年ぐらい送られて来ているサプリメント……もう、本当にきりがない。騙され耐性が低すぎる。そのたびに、私が解約などの後始末をしてきた。そんな私の悪徳業者への恨みは相当なものである。

そして、毎度思うことなのだが、わが家の義理の両親の場合、半分程度のケースで、わざわざ自分から詐欺に引っかかっているような傾向がある。つまり、こちらから詐欺集団にアクセスして、そしてあっさり騙されているというわけだ。日々、ポストに投げ込まれるチラシやマグネット、あるいは営業電話でコロッと騙されてしまうのである。

私が渡す大事な書類は読まないくせに、チラシは熱心に読むのが高齢者というものだとは重々承知している。やめろと言ったって、不審な業者が無作為にポストへねじ込むチラシを丹念に読むことをやめはしない。なにせ、上手に作られている。高齢者の不安をじわじわと煽るカラーリングや文言が、これは見事だと思うくらいに並べられているのである。例えば「不用品高価買い取り！」だ。世の中、そんなにうまい話はないのだと百回ぐらい言ってやりたい。というか、そういう知恵は高齢者のほうが蓄積してきているに思っていたが、そうでもないのか？

最近、わが家にも、そんな不用品買い取り業者（シャツ一枚からでも買い取りますなどと言い、回収にやってきて、そのまま家に居座り、最終的には高価な品を安く買い叩いて去る）から頻繁に営業電話がかかってくる。私は知らない番号からの電話にはほとんど出ないが、ときどきうっかり出てしまうことがあって、「奥様でいらっしゃいますか？こちらは不用品高価買い取りの……」と始まったら、無慈悲なガチャ切りをするようにしている。

こんな私を見て、夫や息子は「もう少し優しくしてあげても……」と言うが、相手はそもそも私を騙そうとして電話をかけてきており、なんの遠慮がいるのだろう。そのうえ、私にはそういった業者に対する積年の恨みもある。限りある命の、一瞬たりとも業者側に与えたくはない。だから、義父にも義母にも、口を酸っぱくして、「知らない番号の電話には出なくていいです」、「万が一、それが何かのサービスの営業電話だったら、理由をつけて一刻も早く切る！」と言っている。言っているのだが……。

生ごみで撃退⁉

先日、夫の実家に立ち寄った際に義父から聞いた話は、とても恐ろしいものだった。その日、義母はデイサービスに行っていて実家におらず、義父はその隙を狙うようにして私にこっそりと打ち明けてくれたのだ。私はワクワクした。どっきどきだった。楽しんではダメだと思いながらも、次は何があったのかと好奇心を抑えることができなかった。

「実はな……わしが知らないあいだに、母さんが不用品の買い取り業者に買い取りを頼んでしまったようなんや。ほら、よく電話がかかってくるやろ、『どんなものでも買い取ります』とか言ってくる業者。あれや……」

私は、義父の目をしっかりと見ながらウムと頷き、iPhone のボイスメモの録音スイッチを押した。

「それで、先週のことや。わしは昼寝してたんや。そしたら、なんだか長い間、誰かと母さんが揉めているような声が遠くから聞こえてくる。わしも半分眠ったような状態でな……夢なんか、現実なんか、ようわからんような感じやったんや」

「ほう……」

「そしたらな、男の声で、『いくらうちが買い取り業者だからって、これはアカン！』って、大きな声が聞こえてきたんや。だから、わしは飛び起きた。飛び起きたんやけど、なかなか体が動かない。だから、必死になって、這うようにして玄関に行ったんや。母さんがたぶん、何かやってしもたんやろと思ってなあ」

九十歳の義父、這うようにして玄関に急ぐ、の図である。気の毒過ぎる。

「玄関に行ったら、生ごみの入った袋が置いてあって、業者の男が『信じられへん』みたいな顔して立ってたわ。よくよく話を聞いたら、その男が不用品回収業者で、母さんが回収を頼んだことがわかったんや。だから、わしが真ん中に入って、業者の男には『勘弁したってくれ、本人は何もわかってないんや』って説明してな……それでようやく帰ってもらったんや……恐ろしかったわ……」

義母は義父の知らない間に、不用品買い取り詐欺業者からの営業電話に応じて、買い取りの依頼をし、業者が買い取りに来た当日、生ごみを差し出して逆ギレされた。それが、義父が語ったストーリーだった。

一瞬、爆笑しそうになったのだが、よくよく考えると、非常に危険だったと思う。義父がいなかったら（そのようなシチュエーションは、発生しないようにはしているが）どうなっていたのだろう？　義母が最後まで対応しきれたとは到底思えない。

私は義父に、「お義母さんが電話に出ないようには、できないものですかねえ」と言った。すると義父は、「わしもそう思うんだが、最近は妄想もひどくてな。電話が鳴ると、わしの愛人からの電話だと思って、急いで取ってしまうんや……」

「ヒィッ！　何重にもややこしいッ！」

「いろいろと難しくてなあ……アッ、せっかく来てもらってこんなこと言うのは申し訳ないんだが、そろそろ帰ってくれるか？　もう少ししたら母さんがデイから戻ってくる時間や。わしとあんたがここで話しているところなんて見られたら、後からどうなるかわからへん……最近はわしとあんたのことまで疑っているんや……」ということだった。

詐欺、嫁との浮気、愛人からの電話連絡。村井家の大変な日々は、まだまだ続くのであった。

11. 善良そうな人たちにもご用心！——高齢者を騙す人々②

騙されやすい義父母

義母と義父は、そもそも騙され耐性の低い夫婦だ。彼らが特別そういう人たちだというよりは、昭和初期生まれの親世代というのは、子世代である我々が考える以上に、友人、知人、親戚からの情報やつてを頼りに生きてきた世代である。

義父と義母はその典型で、入手する情報のほぼすべてはそういった周囲から受け取るもので、そして二人はそれを百パーセント受け入れるタイプの夫婦だ。誰かが「いいよ」と言えば、それを疑うことなく買う、飲む、食べる。それは信頼と愛情という強固な土台に支えられた、二人の結婚生活そのものだった。しかし一方で、二人が生きていた世界は、限られた、とても狭いものだったとも言える。つまり、二人は世間知らずなのだ。

正しい情報や商品であれば問題はない。しかし、それが万が一、悪質商法によって販売された商品や、科学的根拠に基づかない健康商品である場合は厄介だ。二人は、見ていて面白いくらいに、そういったものにコロッと騙されてきた。

わが家には一時、不思議な液体に漬けられた薬草的な何か、癌にならないという石が入った酒など、義理の両親によって妙なものがやたらと持ち込まれた。私はそういった類いの民間療法を命がけで避けているので、すべてあっさり処分していた。しかし義母の部屋には、友人から購入した補正下着、磁気マットレスなど、どう見ても怪しい商品が山ほどあった。このような歴史がある二人なので、これから年を重ねていくうえで、騙されることが減るようになるといいなと考えてきた。

高圧ジェット水流洗浄事件

しかし、騙され耐性が著しく低い義父と、認知症になってしまった義母は、サバンナ地帯で生まれたばかりのシマウマの赤ちゃんぐらいに、捕食者にとって格好の獲物となってしまったようだ。この数年で次々と悪徳商法に引っかかり、泣く泣く高額な料金を支払ってきた。

金額的に最も打撃となったのは、義父の退院直後（二〇一九年）に発生した「高圧ジェット水流洗浄事件」だ。

ある日、私が食品を届けに夫の実家に行くと、義父が真っ青な顔をして複数の紙を見ていた。一番上に請求書とあったため、金額を見ると、なんと二十万円近い請求額だった。「これ、何の請求ですか？」と聞くと、義父は、「わからない」と答えた。わからないってどういうこと？　と慌てて紙を読むと、請求書だけではなく、「契約書」まである。そしてその契約書には義母の署名があった。

よくよく中身を確認してみると、下水の詰まりを掃除する業者との契約書兼請求書、見積書、そして作業内容が記された書類だった。作業内容を確認すると、「高圧ジェット洗浄作業一回二千円が五十回」（やりすぎだろ）、基本料が三万五千円、内視カメラ確認作業が一万五千円、その他、まるで「人間ドックか」と言いたくなるような作業内容がずらりと記載され、合計が二十万円近くになっていたのだ。いくらなんでも、高額過ぎないですか？

義理の両親と業者が繋がったのは、ポストに投函された広告用マグネットだった。退院後、自分がいない間に家の周辺の手入れができず、それを気に病んでいた義父が、自ら電話をかけて業者に見積もりを依頼した。しかし見積もり当日に寝込んでしまい、何も理解しないまま応対した義母が契約を結んでしまったというのが事件の真相だった。

結局、私が請求書を見た時点で実際の作業から数週間が経過しており、クーリングオフはできなかった（義父が自らコンタクトを取って依頼したものなので、期限の問題ではなかったのかもしれない）。この高圧ジェット洗浄事件以外にも、いろいろとトラブルは起きている。例えば、床下にいつの間にか扇風機を山ほど設置されたり、トイレの修理が複数回行われたり、「いつの間に？」という事件が何度も起きた。その都度、「わしはそんなつもりではなかったのに、いつの間にかそうなってしまった」と肩を落とす義父には、気をつけるよう言ってきたつもりだ。

しかし、このような経験を繰り返してわかったのは、騙されてしまった高齢者に対して「騙されないように気をつけて」と言うのは間違いだということ。不幸にも騙されてしまった高齢者を責める前に、悪徳業者の卑劣さを考えるべきなのだ。そして、彼らのアプローチを許さないことが大事だ。

わが家が今現在どのような対策をしているのかというと、高齢者の視界から悪徳業者の情報をシャットアウトするようにしている。週に一度は実家を訪れ、チラシやポスター類、マグネット広告などがあったら、不要なものはすべて廃棄するようにしている。

そんなことをしながら、「私もいつか騙されるんだろうな」などと考えている。なにせ、そのような広告は、やけに目を引き、とても魅力的な商品に思えるからだ。

善良そうな人の邪悪な計画

注意しなければならないのは、悪徳業者だけではない。一見普通の、善良に見える人のなかにも、邪悪な計画を抱きながら高齢者に近づく人はいる。

義父が倒れて入院してしばらくしたある日、私は実家の微妙な異変に気づいた。テーブルの上に急須と茶碗が二つ置いてあった。義母に会いに、誰かが来たらしい。でも、誰？　なにげなく、「今日、お客さんが来られたんですか？」と義母に聞くと、「ええ、パンフレットを届けてくださった方がいて」と彼女は答えた。パンフレットと聞いて、私の「妖怪アンテナ」が鋭く反応した。義母には念のため、「何か買うときは言って下さいね」と伝えておいた。この頃、義母はすでにお金の管理はできなくなっていたからだ。

後日わかったことだが、義母は高価な美顔器を誰かから購入していた。いらないでしょ、美顔器は！　一体誰から買ったのかは、今もわからずじまいだ。

次に異変に気づいたのは、テーブルの上に新聞がいくつか重ねられていたときのことだ。合計三紙。義父が元気だったころは一紙のみ購読しており、それも数十年にわたり同じ新聞を購読していたはずだ。それが、いきなり三紙に増えているのである。義母に尋ねても記憶はなし。義父が入院先から戻ったときに、必要のない新聞は購読停止にしたが、義母に訪問者の応対をさせてはならないと強く思った事件だった。

こんなこともあった。

食料を持って義母に会いに行き、冷蔵庫を開けたときに私が目撃したのは、ずらりと並ぶ手作りスイーツだった。手作りスイーツに罪はない。ただ、誰かが実家に来ていたことは間違いない。その誰かを、義母以外誰も知らないことが問題なのだ。義母が認知症でなければ、まったく問題のない話だ。むしろ義母のプライバシーは守られるべきで、私が彼女の交友関係まで詮索すべきではないことは理解している。

しかし、義母は認知症で、時折、私のことすら忘れる状態だ。私や夫が訪ねる時間、デイに行く時間、ヘルパーさんが来る時間、訪問看護師さんが来る時間を縫うようにして、一体誰がやってきているというのか。

あとになってわかったのは、近所のとある奥様の存在だった。もちろん、義母の様子を心配して顔を出してくれたのだろう。しかし、私が実家に行くたびに増えるスイーツを見て、不安になったのは事実だ。義父が退院して以降、スイーツ奥様が実家に来ることはなくなったが、義母がぽつりと「お菓子を持ってきてくれた人、家のなかから出て行かないから困ったわ」と言ったときは、背筋がゾッとした。

実はこんな大事件もあった。

義母を訪ねた私が風呂場横の勝手口から出た際に、とある男性と鉢合わせしたのだ。年齢はたぶん八十代だろう。ニット帽をかぶっていた。手には小さな花束を持っていた。私は大声で「うわあ！」と叫んだ。なぜ叫んだかというと、風呂場横の勝手口までアクセスしようと思ったら、玄関の門を開けて、庭を横切り、駐車場を抜けて、そこから少し歩かないと到着しないからだ。つまり、知らない人がいるはずのない場所なのだ。私の声を聞いた当人は一目散に逃げて行った。

その男性には、とある大きな特徴があった。そのうえ、私はその人物をデイサービスで見かけたことがあった。ケアマネからデイサービスに連絡を入れてもらい、私が勝手口で鉢合わせした男性が、義母の通うデイサービスの利用者であり、そのような行為の常習者であることを確認した。デイサービスで知り合った認知症の女性宅に、入り浸るらしい。

目的はわからないが、そんな人物を放置しているデイサービスにも問題があると考えたし、私が鉢合わせして撃退しなかったら、一体なにが義母に起きていたのだろう（ちなみにこの男性は認知症ではなかった）。この先は詳しくは書けないが、そのデイサービスの利用はやめた。

怖いのは悪徳業者だけではない。人を疑ってはキリがないが、認知症になったとわかった途端に急激に距離を縮めて来る人には、用心するに越したことはないと私は考えている。

12. そろそろ、実の子の出番ですよ

ようやく実子のご登場！

先日のことだ。実家に両親を訪ね、戻って来た夫曰く、義父が「最近、来てくれなくなったなあ……」と言っていたそうだ。私のことである。

「なにそれ！　はぁ⁉」と夫に言うと、「酷いなあ、その言い方」ということだった。でも私の正直な気持ちからしたら、まさに「なにそれ！　はぁ⁉」なわけで、「はぁ⁉　はぁ⁉　はぁ⁉」と三連発しなかっただけでも偉いと思ってほしい。

「来てくれなくなった」という言葉に、大変な重みを感じてしまう。私が逆の立場であれば、絶対に、ぜーーーったいに、言わない。むしろ、「来てくれなくていい」と言いたい。「ばあさんにはインターネットがあるから心配するな」と、付け加えるはずである。

私の想像のなかの義父は、「最近、来てくれなくなったなあ……」と言ったあとに、

こちらを振り返って、じっとりとした視線を送ってきている。私が夫の実家に義理の両親を訪ねることが、当たり前のことになっているから、「来てくれなくなった（おかしいじゃないか）」となるわけで、私からしたら実家に通うことなんてイレギュラー中のイレギュラーで、半分事件と言ってもいいぐらいなのに（あるいはネタ探しだが）、期待してもらっちゃ困るんだよ、という気分である。冷たいと思われても、これが本音だ。だって、忙しいんだ、あたしは。仕事してんだよ、毎日！　遊びじゃねえんだ、まじで。

私が最近夫の実家にさっぱり行かなくなった理由は、実はケアマネさんからとある打診があったからだ。ケアマネさんは、義母の認知症が予想より早いスピードで進行していること、義父が高齢であることを考え、この先、何があっても対応できるように、ショートステイの練習をしはじめたほうがいいと助言してくれたのだ。

義母にとっては辛いことかもしれない。でも、慣れたらきっと楽になる。楽しいかもしれないじゃないか。私も、そんな気がしはじめていた。万が一どちらかが倒れてしまったとしたら、一気に詰むのは、わかりきっている。

しかし、わが家の場合、一筋縄ではいかない事情がある。頑固で性格が暗くて重い義父だ。義父は「義母のショートステイを絶対に許さないマン」だった。ついでに、「デイサービスも、週二回以上は絶対に許さないマン」だった時期もある。私もケアマネさんも、この説得は厳しいものとなると予想していた。私自身も、それを義父に言い出せば、拒絶されるのが明らかなので、考えるだけで面倒だと思っていた。だから……。

ケアマネさん曰く、「そろそろ、実の子の出番ですよ」というわけなのだ。

よし、実子がようやく登場だ！　と私は喜んだ。ケアマネさんもその気になって、「ご主人とお話ししたいんですが、ちょっとお会いできませんかね？　お父様を説得してもらいましょう！」と、いつも以上に気合いが入った様子で、夫との面談日程を調整したいということだった。かなり本気である。

私は正直、とても安心した。とうとう、私もお役御免だ。最近はシビアな判断をしなければならない場面が多く、「これを決めるの私でいいの？」と考えることが多かった。重要な判断はやはり実子がすべきだし、これから先はそうでなければならない。いくら私が鬼嫁とはいえ、義父に対して、義母をショートステイに行かせるべきと伝えることは、絶縁宣言に等しい大きな賭けなのだ。この先はもう、夫にすべてを任せたい。私は観察だけさせて欲しい。

デイサービスに通うこととショートステイの間には、ものすごく険しい山があって、それを超えるのは至難の業のように思える。半日か、それとも一泊か。天城越えどころの騒ぎではない。わずかな差のようであって大きな差であり、介護をしている家族からすると、勇気が必要な決断だ。行く方にしたら……もしかしたら、家族に捨てられたと思うかもしれない。

ケアマネさんから打診があった日の夜、夫に相談してみた。もうそろそろ私ではなくて、あなたがイニシアチブを取る時期なんですよと、私は言った。すると夫は、「わかった。そうするわ。今度、親父に言ってみるわ！」と、あっさり過ぎるほどあっさり納得した。ということで、その日以来、私が単独で夫の実家に行くことはなくなった。そうすることで夫も本気になってくれるだろうと思った。

そもそも、デイサービスも、ヘルパーさんも、訪問看護師さんも、しっかりとスケジュールを組んである。連日、誰かが夫の実家を訪れ、二人に会っている。よし、これでいいぞ。今まで介護にあまり関与していなかった夫を引っ張り込むことができた。

「おいおい、ガキの使いか？」

さて、私が夫の実家に行かなくなってから、初めての週末。夫は単独で実家に行くために準備をしていた。私は珍しく夫に、「がんばってね」と声をかけた。今日が、説得の日だ。頼む夫よ、なんとかして義父を説得し、義母がショートステイの練習をできるようにして、戻って来てくれ。抵抗されても、冷徹に押し切ってくれ。実の子にしかそれはできないのだ。

夫は二時間ほどで、すんなり戻って来た。

私は聞いた。それで、例の話はどうだった？

夫の答えは「やっぱ言えなかったわ！」。

おいおい、ガキの使いか？　手ぶらで戻ったのか、情けない！

もしかしたら悲しむのではないか、彼らにとって最後通告のような、残酷な話に聞こえてしまうのではないか……そう考えて、気が重い。夫に至っては、完全に考えることさえ放棄している。しかしここを乗り越えないと、きっといつか大変なことになる。それだけははっきりわかっているのだ（その後の詳細はエピローグで）。

13. 夫が本格的に介護に参加したけれど……

全員が気の毒

夫が介護に積極的に参加するようになって数か月が経過した。週末になると実家に行き、食料を調達し、家のメンテナンス（電球を替えたり、庭の手入れをしたり）を行い、両親とのコミュニケーションもバッチリ取れている様子。これはいいではないかと思っていた矢先、考えさせられる事件が発生したので張り切ってお伝えしよう。

その日、夫は義父の通院の付き添いをしていた。義母一人で留守番はさせられないので、義母も一緒に病院には来ていた。診察はスムーズに終わり、会計を済ませて病院近くのレストランへ。昼食を食べて、その足でスーパーに買い物へ。夫は両親のために夕飯用の食材を揃え、義父と義母も二人仲良く食材を眺めたりしていたという。夫は買い物かごを持って会計へ。義父と義母は息子が会計を済ませるのを待っていたはずだった。

しかし事件はここで起きた。

会計を済ませた夫が、ふと両親を探すとどこにもいない。あれ、どこに行ってしまったのかなあと思いつつ、店の出口を見てぎょっとした。そこに義母が一人で立っていたというのだ。それも、右手に会計を済ませていない商品を持って。あともう少しで店を出てしまうところだったそうだ。

そのとき義父がどこにいたのかというと、駐車場を必死になって歩いていた。車に置き忘れた財布を取りに戻っていたらしい。義母が、大好物のお菓子を買いたいと言ったため、義父は慌てて財布を取り出そうとしたのだが、うっかり愛用のウエストポーチを車中に忘れてきてしまったことに気づいた。そこで義父は、「ちょっと待っていなさい」と義母に声をかけて、必死に戻った（でも九十歳だから、歩みは遅い）。

最初はレジの近くで待っていた義母だったが、義父が遅いため、徐々に店の出口に近づいていたのだろう。夫は何も気づかず、セルフレジで上機嫌で商品バーコードを機械に読ませていたと思われる。義母は、一歩、そしてまた一歩と出口に近づいていた。右手には大好物のおせんべいの袋が握られていた……。

本当に幸運なことに、義母は最後の一歩を踏み出さなかったし、夫がギリギリで気づいたために事故を防ぐことはできた。でも、このアクシデントには、深く考えさせられた。

　まず、登場人物全員が気の毒だ。夫は両親のためを思って買い物をしていた。義母はきっと、息子が買い物をしてくれている間に、ふと目についた大好物のおせんべいを、自然に手にしただけだ。そして義父に対して「これ買って」と素直に言った。それを聞いた義父は、財布がないことに気づき、車へと戻った……いや、車に戻らなくてもよかったのでは？　そこは普通に、息子に買ってもらえばいいんじゃね？　と、さすがに思う。ただし、そこには義父の美学のようなものが見え隠れする。彼は私たちに何かを支払わせようとはしない。何であっても、絶対に自分で払うと言う。そんな気持ちで、九十歳超えの義父が痛む足を引きずって、息子に甘えることなく自分の財布を取りに行った姿を想像すると、やはりとても気の毒だなという気持ちになる。

　そして、一番気の毒なのは、義母だ。しっかりしている頃の義母だったら絶対にしない行動だ。本当にきちんとした人だった。誠実な人だった。確かに、私に対して意地悪だったことはある。息子に対して高級さくらんぼを買ってきたのに、私に潰れた値引き品のコロッケを買ってきたこともある。しかし、それぐらいのことだ（それぐらいだけど忘れない私）。いつも、買いすぎじゃないかというぐらいたくさん食品を買って、どっさりわが家に持ってきてくれた。大盤振る舞いが大好きだった。その彼女が、おせんべいの袋をひとつ手にして店の出口にいたということを考えると、私はやはり、とても寂しい気持ちになるのだった。ごめんね、お義母さん。私が一緒にいてあげられたらよかったのに。自宅で翻訳してたわ。

帰宅した夫がしんみりとこの話をするので、ずいぶん気の毒になった。「そういうことってあるよ。きっと、日本中で同じようなことが起きてるよ。お店の人だって、お義母さんの様子を見たら、きっとわかってくれたよ。未然に防ぐことができてよかったね。で、その問題のおせんべいは買ってあげたん?」と聞くと、「あ、忘れた」と答えるではないか。おいおい、そこ大事!

夫が介護に参加しはじめたことで、義理の両親にとっては、昔の家族の形態が戻って来たような気持ちかもしれない。すべては同じようにはいかないけれど、それでも、昔のように仲良く暮らしていけたらいい。義母はすっかり子どものようになってしまったが、ずいぶん大切に育ててもらったのだから、夫はこれからが恩返しの時間だ。今回のアクシデントからは学ぶことがたくさんあった。夫にはこの先もがんばってほしいと思う。私も適当にがんばる。

しっかりやれよ、夫

わが家がお世話になっているケアマネも、実は介護問題に直面しているらしい。彼女の義理の母の調子が悪く、認知症の初期症状らしきものもあり、介護サービスが必要になってきたそうだ。

するとケアマネの夫は「妻がプロでよかった。よろしく頼む」と、笑顔で言ったらしい。ケアマネは、その時の状況を説明しつつ私に「でもね、あたしたちって、結局は他人ですやん？」と言った。私は身を乗り出して、大きく頷いた。

「嫁だからって自動的に頼られるのって、不公平じゃありません？　あたしたちだって仕事があるじゃないですか。それに、実の子にしかできないことだってあるんです。今は制度もしっかりしていますから、働いていても、介護はできます。介護をするのが嫁である必要はないんです。だからあたし、夫に言ってやりましたよ、親の介護は実の子がイニシアチブを取り、あとは家族全員が協力すること。嫁だけの仕事じゃないってね！」

私は「その通り！」と答えた。

わが家の場合、介護のスタート時は、事務処理やら手続きが得意で機動力のある私に負担がかかっていた。介護用品設置の立会いや、ケアマネとの話合いも複数回にわたって必要な時期だ。そんな細々とした用事が苦手で人見知りの会社員の夫より、自宅勤務で口も達者な私の方が、登場する回数が多くなったのは自然のなりゆきだった。

しかし、義母の認知症の進行が待ったなしで進む今、介護の主役は私から夫に、徐々にシフトしてきている。実の子にしか判断できない場面が増えてきたのがその理由だ。例えば、ショートステイを利用するか、しないかという判断は、私には荷が重い。デイサービスとショートステイの間には、大きな気持ちの差がある。ケアマネの助言もあり、夫は満を持して両親の介護に参加することになった。

夫が介護の現場に登場するのに時間がかかった理由には、実子の介護の難しさがある。親の衰えた姿を見ることの辛さや悲しさが、苛立ちとなって親にぶつけられてしまう場面は、わが家のケースでも多かった。

私自身も、実の母が膵臓癌《すいぞうがん》の発症とともに認知症になったとき、それを受け止めることができなかった経験があるので、その苛立ちやどうにもならなさは理解できる。しかし、介護従事者の支援を得て、どうにか二人暮らしを維持している両親と向き合うことには、夫にとって辛いことだけではなく、喜びもあるはずだと私は考えている。後悔するよりは、今、全力でぶつかったほうがいい。

エピローグ——介護の覚悟

先日、義父と義母が初めて、二人揃ってショートステイに挑戦した。特別養護老人ホーム併設の専用施設に一泊したのだ。これは継続的な入所に向けての練習をスタートさせたという意味で、夫にとっては大きな決断だっただろう。私にとっては、介護生活がスタートした時に目標とした「義理の両親の介護はすべてプロの手に委ねる」という目標に、また一歩近づくことになる。

ショートステイの利用は、特別養護老人ホームへの長期的入所の練習という意味合いもあるが、介護する側の負担軽減にも重要な役割を果たしている。通常、一か月前から予約が必要で、予約枠の確保は争奪戦の様相を呈しているとケアマネは言う。希望した日に宿泊できるとは限らないので、早めにスケジュール調整をすることも大切になってくる。幸運にも利用ができることになったとしても、家族にはその支度をするという仕事が待っている。施設から渡される持ち物リストに沿って、わずか一泊でも、複数の下着や衣類を準備し、介護保険被保険者証といった様々な書類、薬、衛生用品をきちんと揃えて持たせなくてはならない。持ち物すべてに記名するなんて、子どもが保育園に通っていたとき以来の作業だ。一泊させるために、一日かけて準備をするという状態に、楽なのか大変なのか、よくわからなくなってくる。ショートステイ先への送り出しや、帰宅をするときの出迎えも、当然家族の仕事。一泊するといえども、家族の仕事がゼロになるわけではないのだ。

義母の認知症が加速度的に進行していくなかで、わが家の介護計画は大きな変更を何度も強いられてきた。入浴や着替えができなくなった義母のデイサービスの利用は、週一回から週五回へと増えた。掃除、洗濯、買い物といった家事を支援してもらうため、ヘルパーの訪問は週一回から週三回へ。服薬管理や健康管理をしてくれる訪問看護師の訪問は週一回だ。これほど介護サービスを利用したとしても、私と夫が週末に訪問し、様々な支援をしなければ生活は回らない。

つまり、わが家のように支給限度額ぎりぎりまで介護サービスを利用したとしても、子世代にとって仕事は山積みなのだ。一度関わったら、その大きな渦に巻き込まれることを受け入れ、覚悟を決める必要がある。仕方のないことだと割切るしかない。親の介護に一切関わらないで暮らすことも選択肢の一つだけれど、それこそ親戚や兄弟姉妹と縁を切るぐらいの気持ちが必要だろう。少なくとも、義理の両親の住む家からそう遠くない場所に住む私と夫にその選択肢はなく、気づいたら深い沼にどっぷり嵌《は》まっていたというのが実感に近い。

妻という立場、あるいは嫁という立場である私が、この状況をすんなりと受け入れたかというと、それは全く違う。今現在も、私はことあるごとに、このがんじがらめの状況に文句を言い、時には拒絶している。絶対に嫌だと譲らないときが多々ある。同じように夫の両親の介護に悩む年齢が近いケアマネとは、「嫁だからって義理の親の介護を強制されるなんてまっぴらごめんだ」と言い合っている。夫に「フリーランスで、自宅で仕事をしている人間が（義理の親であっても）通院補助をすべき」と言われた時のことは、一生忘れないと思う。きっと夫も、「私にとってあなたの親は他人も同然」と私にはっきり言われたことを、一生忘れないのではないだろうか。このように介護は、人間と人間のぶつかり合いだし、先が見えない状況下での消耗戦だとも言える。

それでも私が介護を続ける理由は、自分のなかではとても明確だ。私はすべてを見届けたいと考えている。義理の両親に対する愛情から湧き出る気持ちというよりは、誰かの人生を最後までしっかりと見届けた先にあるものが何かを確かめたい、という使命感と好奇心が入り交じった感情だ。介護に対するモチベーションは人それぞれであっていいはずだから、そこに創作意欲が絡んでいたとしても、どうか見逃してほしい。

私と義理の両親の関係性は常に良好ではなく、むしろ山あり谷ありの日々だった。私の人生に関与し続ける二人を拒絶していた私が、ようやく一人の人間として二人に向き合う時期が来たのだろうと考えている。

ショートステイ施設から迎えのバスが来たとき、義母は見送りに出た私の手を握って、「このバスに乗っても大丈夫かしら」と聞いてきた。私は、「大丈夫ですよ、お義母さん。今日は一日ゆっくりと、お義父さんと一緒に楽しんできてください」と答えた。義母は笑顔でバスに乗り込むと、職員さんにシートベルトを装着してもらいながら、私に手を振っていた。義父は言葉少なにバスに乗り込み、同じく職員さんにシートベルトを装着してもらうと、両目に涙を溜めながら真っ直ぐ前を見ていた。準備し忘れた持ち物を近隣のコンビニまで買いに行っていた夫が大急ぎで戻り、義理の両親の出発を私とともに見送った。介護施設の名称が車体に塗装されたバスがゆっくりと発車し、私たちは手を振った。義母は笑顔で振り返って、手を振っていた。義父は一度も振り返らなかった。

二人を見送った私と夫は、実家の掃除を始めた。これから先は、両親揃ってショートステイを利用する機会を増やす予定で、その日は必ず、山ほど溜まりつつあるごみや不用品を処分することにしたのだ。認知症が進行している義母はここ一年ほど、熱心に紙ごみを集めるようになっている。どこからともなく集められてくるダンボールを分解し、古い請求書やパンフレット、裏紙とともに、どんどんごみ袋に詰めていくという作業を数時間続けた。車の荷台がいっぱいになるほどのごみを積み込み、家に戻る頃には疲れ切っていた。少し休憩をしようと横になると、ショートステイ施設から早速ケータイに着信があった。義父が貴重品を持ち込んでおり、金庫で預かることを申し出ると強い抵抗にあったそうだ。やれやれ。預かってもらったはいいけれど、むしろややこしいじゃないか。夫に連絡の内容を伝えようと声をかけると、すでにベッドに倒れ込んで寝ている状態だった。五十代夫婦による、後期高齢者介護の現実。私たちのようにもがいている人は、全国に大勢いるはずだ。

私を義理の両親の介護に向かわせるエネルギーはすべて、このように全てを記すことから生み出されている。この作業を続けられなくなったときは、私の介護への意欲が失われるときだ。そうならないように、この先もしっかりと二人の行く末を見守り、書き記していきたいと考えている。